この本《ほん》に出《で》てくる 信長《のぶなが》の仲間《なかま》

信長《のぶなが》の天下統一《てんかとういつ》を助《たす》けた仲間《なかま》や、ときには敵《てき》にもなった家来《けらい》たち。

平手政秀《ひらてまさひで》

信長《のぶなが》の小《ちい》さいころからめんどうをみる家老《かろう》。

犬千代《いぬちよ》（のちの前田利家《まえだとしいえ》）

信長《のぶなが》の小《ちい》さいころからの家来《けらい》。槍《やり》が得意《とくい》。

万千代《まんちよ》（のちの丹羽長秀《にわながひで》）

信長《のぶなが》の小《ちい》さいころからの家来《けらい》。まとめ役《やく》。

林佐渡守秀貞《はやしさどのかみひでさだ》

信長《のぶなが》につかえた織田家《おだけ》の家老《かろう》。

木下藤吉郎《きのしたとうきちろう》（のちの豊臣秀吉《とよとみひでよし》）

農民《のうみん》の出身《しゅっしん》。信長《のぶなが》に信《しん》用《よう》され出世《しゅっせ》していく。

竹千代《たけちよ》（のちの徳川家康《とくがわいえやす》）

松平氏《まつだいらし》のあととり。人《ひと》質《じち》として織田家《おだけ》にいた。

柴田勝家《しばたかついえ》

尾張一《おわりいち》のごうけつ。信《のぶ》長《なが》の弟《おとうと》、信行《のぶゆき》の家来《けらい》。

明智光秀《あけちみつひで》

濃姫《のうひめ》のいとこ。あちこちの家来《けらい》になったあと、信長《のぶなが》につかえるが……。

やさしく読める ビジュアル伝記

織田《おだ》信長《のぶなが》 もくじ

※この本《ほん》は、2018年《ねん》10月現在《がつげんざい》での情報《じょうほう》にもとづいて構成《こうせい》していますが、内容《ないよう》によっては異《こと》なる説《せつ》もあります。また、人物《じんぶつ》の言葉《ことば》や一部《いちぶ》のエピソードについては、設定《せってい》や史実《しじつ》をもとに想定《そうてい》したものになります。挿絵《さしえ》は史実《しじつ》にもとづきながらも、小学生《しょうがくせい》が楽《たの》しめるよう、親《した》しみやすく表現《ひょうげん》しています。
※年《ねん》れいは全《すべ》て数《かぞ》え年《どし》（生《う》まれた年《とし》を1歳《さい》とする数《かぞ》え方《かた》）です。

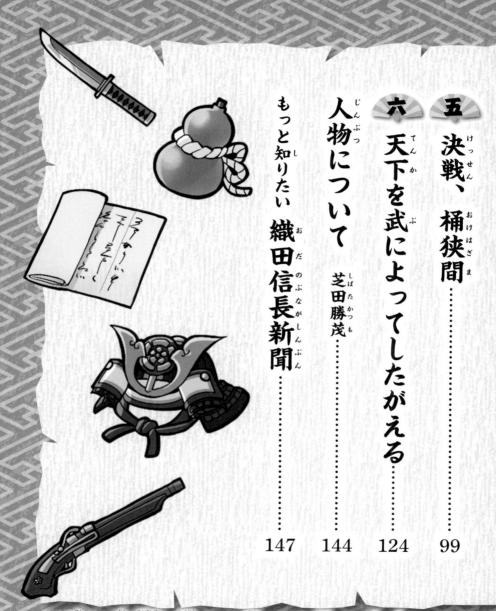

一 信長《のぶなが》と濃姫《のうひめ》

「まあ、すごい……。ごうかけんらんとは、このことね！」
目元《めもと》すずしい、*1市女笠《いちめがさ》の少女《しょうじょ》が、ふりかえります。
「気《き》に入《い》ってもらえたようだね。」
少女《しょうじょ》のそばで、にっこりわらったのは、着物《きもの》に半《はん》ばかま、*2あらなわをこしにまき、大小《だいしょう》の刀《かたな》をさした、*3ならず者《もの》のようなかっこうの少年《しょうねん》です。髪《かみ》は頭《あたま》のてっぺんにまとめてくくった、*4茶《ちゃ》せんまげ。けれど、きたえぬかれた体《からだ》つきは、衣服《いふく》の上《うえ》からでも、そうそうできるほどのたくましさです。顔《かお》つきは、りりしく整《ととの》い、ただ者《もの》ではな

＊1市女笠《いちめがさ》…貴族《きぞく》や武士《ぶし》の女性《じょせい》が、日《ひ》よけや雨《あま》よけのために頭《あたま》にかぶるもの。＊2あらなわ…太《ふと》いわらのなわ。＊3ならず者《もの》…悪《わる》いことをしている人《ひと》。＊4茶《ちゃ》せんまげ…毛先《けさき》を茶《ちゃ》せん（まっ茶《ちゃ》をたてるときに使《つか》う道具《どうぐ》）のように仕立《した》てた髪型《かみがた》。

い、育《そだ》ちのよさがうかがえました。
少年《しょうねん》の名《な》は、織田信長《おだのぶなが》。十六歳《さい》。

少女《しょうじょ》の名《な》は、濃姫《のうひめ》。＊1美濃《みの》の＊2戦国大名《せんごくだいみょう》、斎藤道三《さいとうどうさん》のむすめで、この春《はる》、信長《のぶなが》にとついできたのです。十五歳《さい》でした。

二人《ふたり》は、＊3津島神社《つしまじんじゃ》の＊4宵祭《よいまつり》を見物《けんぶつ》しているのです。橋《はし》の上《うえ》から、天《てん》王川《のうがわ》をさかのぼる「まきわら船《ぶね》」が見《み》えます。

夏《なつ》の夕《ゆう》ぐれ、ほの暗《ぐら》い中《なか》で、まきわら船《ぶね》をかざるちょうちんに、いっせいに灯《ひ》がともり、まばゆく光《ひか》りはじめました。

十二個《こ》のちょうちんがともった、一本《ぽん》のまっすぐな柱《はしら》は、天《てん》に向《む》かってそびえたち、その下《した》には、おわんをふせたような形《かたち》、つまりドーム状《じょう》に、無数《むすう》のちょうちんが金色《きんいろ》に光《ひか》りかがやいています。

まっすぐな柱《はしら》の十二個《こ》のちょうちんは一年《ねん》の月《つき》の数《かず》、三百個以上《こいじょう》のちょうちんは、日《ひ》の数《かず》を表《あらわ》しています。その下《した》にも、さらに赤《あか》い

＊1美濃《みの》…今《いま》の岐阜県南部《ぎふけんなんぶ》の旧国名《きゅうこくめい》。＊2戦国大名《せんごくだいみょう》…戦国時代《せんごくじだい》（室町時代《むろまちじだい》の後半《こうはん》）に各地《かくち》に生《う》まれ、実力《じつりょく》によって領国《りょうごく》を支配《しはい》した大名《だいみょう》。＊3津島神社《つしまじんじゃ》…愛知県津島市《あいちけんつしまし》にある神社《じんじゃ》。＊4宵祭《よいまつり》…本番《ほんばん》の祭《まつ》りの前《まえ》の夜《よる》に行《おこな》う祭《まつ》り。＊5雅楽《ががく》…古《ふる》くから宮廷《きゅうてい》で演《えん》そうされた音楽《おんがく》。

ちょうちんがならび、＊5雅楽《ががく》の演《えん》そうとともに、水面《すいめん》をしずしずと進《すす》んでいきます。ゆたかな津島商人《つしましょうにん》の財力《ざいりょく》あればこその、ごうかな祭《まつ》りでした。

「ふしぎな船《ふね》の形《かたち》ね！　ぽっこり丸《まる》い、キクの花《はな》？　半分《はんぶん》にした＊6カラスウリ？　こんなの、見《み》たことないわ！」

「全部《ぜんぶ》で五せきだ。津島《つしま》の五《いつ》つの村《むら》が、つくっている。祭《まつ》りの＊7山車《だし》が、水《みず》にうかんでいると思《おも》えばいい。」

「まるで神《かみ》さまの乗《の》り物《もの》みたい……。」

「津島神社《つしまじんじゃ》は、全国《ぜんこく》三千の津島神社《つしまじんじゃ》の元《もと》じめで、＊8スサノオノミコトをまつり、＊9伊勢神宮《いせじんぐう》とならぶ、天下一《てんかいち》の神社《じんじゃ》です。われらの＊10氏神《うじがみ》で、織田家《おだけ》の＊11家紋《かもん》は、この神社《じんじゃ》からいただきました。」

＊6カラスウリ…秋《あき》に朱色《しゅいろ》の実《み》をつけるツル性《せい》の多年草《たねんそう》。＊7山車《だし》…祭《まつ》りのときに引《ひ》く、かざりのついた屋台《やたい》。＊8スサノオノミコト…日本の神話《しんわ》の神《かみ》。＊9伊勢神宮《いせじんぐう》…三重県《みえけん》伊勢市《いせし》にある神社《じんじゃ》。＊10氏神《うじがみ》…一族《いちぞく》の守《まも》り神《がみ》。＊11家紋《かもん》…その家《いえ》の印《しるし》。

二人《ふたり》の後《うし》ろで説明《せつめい》するのは、信長《のぶなが》の＊1守《も》り役《やく》、平手政秀《ひらてまさひで》。美濃《みの》へ行《い》き、二人《ふたり》のけっこんをとりまとめたのは、この政秀《まさひで》です。

「昔《むかし》は、この津島《つしま》と織田家《おだけ》の間《あいだ》で、何《なん》度《ど》も＊2戦《いくさ》がございました。」

そのあとの説明《せつめい》を、信長《のぶなが》がひきとります。

「じいさまは津島《つしま》の武装商人《ぶそうしょうにん》と必死《ひっし》でたたかい、織田《おだ》の支配地《しはいち》とした。おばは、津島《つしま》にとついでいる。祭《まつ》りの

ときは、おれもよばれる。おじは、おれに謡《うたい》＊3を教《おし》えてくれた。もっとも一《ひと》つだけだがね。」

「今《いま》は織田家《おだけ》と津島《つしま》は仲《なか》がよいのね。でも、なぜ、津島《つしま》を手《て》に入《い》れようとなさったのですか。」

「津島《つしま》の港《みなと》は、交易《こうえき》＊4がさかんなのさ。」

「交易《こうえき》……？　何《なに》を取《と》り引《ひ》きしているの。」

「紙《かみ》、陶器《とうき》、竹細工《たけざいく》、衣類《いるい》、日用品《にちようひん》、なんでもありだ。武具《ぶぐ》、つまり、刀《かたな》、槍《やり》、よろい、かぶと、それに馬具《ばぐ》まで取《と》り引《ひ》きしている。馬《うま》のくら＊5とか、たづな＊6とか。そうそう、鉄砲《てっぽう》だって、運《はこ》ばれてくるぞ。」

「鉄砲《てっぽう》を！」

＊1守《も》り役《やく》…世話《せわ》をして育《そだ》てる役職《やくしょく》。＊2戦《いくさ》…たたかい。＊3謡《うたい》…日本の古典芸能《こてんげいのう》である能《のう》の歌《うた》の部分《ぶぶん》。＊4交易《こうえき》…品物《しなもの》を交《こう》かんしたり、売《う》り買《か》いをすること。＊5くら…人《ひと》が乗《の》りやすいように、馬《うま》のせなかにつける馬具《ばぐ》。＊6たづな…馬《うま》をあやつるためのつな。

「おお？　鉄砲《てっぽう》を知《し》っているのか、濃姫《のうひめ》。」

「ええ。ポルトガルの船《ふね》がもってきたのよね。」

「うむ。弓《ゆみ》よりも槍《やり》よりも、すごい武器《ぶき》だ。おれは今《いま》、鉄砲《てっぽう》のあつかいも学《まな》んでいる。おもしろいぞ、どえらい音《おと》がして。」

「信長《のぶなが》さまが……！」

濃姫《のうひめ》はおどろきました。じつは、父《ちち》の斎藤道三《さいとうどうさん》は、すでに鉄砲《てっぽう》を手《て》に入《い》れており、いとこの明智光秀《あけちみつひで》は鉄砲《てっぽう》の名手《めいしゅ》でした。

濃姫《のうひめ》は、美濃《みの》を出《で》るときの、父《ちち》とのやりとりを、まざまざと思《おも》い出《だ》します。斎藤道三《さいとうどうさん》はいいました。

「*1尾張《おわり》とは、しょっちゅう戦《いくさ》ばかりしてきた。この前《まえ》は、おれが、さんざん織田《おだ》の軍勢《ぐんぜい》をやぶった。だが、やつらはしつこい。中《なか》でも織田信秀《おだのぶひで》という男《おとこ》。こいつは、守護《しゅご》*2でもなんでもないくせに、尾張《おわり》ではいちばん危険《きけん》なやつだ。戦《いくさ》もめちゃくちゃうまい。だから、濃姫《のうひめ》。やつのむすこの、信長《のぶなが》と、けっこんしてほしいんだ。そうすれば、もう、尾張《おわり》と戦《いくさ》をせずにすむ。」

「織田信長《おだのぶなが》……。どういう人《ひと》ですか。」

「まあ、おやじの信秀《のぶひで》とちがって、あまりひょうばんはよくないな。どうしようもない、うつけ*3だということだ。もしも、そのうわさがほんとうで、こいつはだめだと思《おも》ったら……。」

道三《どうさん》は、濃姫《のうひめ》に短剣《たんけん》を手《て》わたしました。

「そのときは、この剣《けん》で、信長《のぶなが》をさしころしてしまえ！」

すると、濃姫《のうひめ》は顔色一《かおいろひと》つかえずにいいました。

＊1尾張《おわり》…今《いま》の愛知県西部《あいちけんせいぶ》の旧国名《きゅうこくめい》。＊2守護《しゅご》…鎌倉幕府《かまくらばくふ》・室町幕府《むろまちばくふ》が、国《くに》の安全《あんぜん》や武士《ぶし》の統制《とうせい》のためにもうけた地方官《ちほうかん》。＊3うつけ…ばか者《もの》のこと。「うつけ者《もの》」ともいう。

「いただいておきましょう。でも、父上《ちちうえ》、いつか、わたしが、織田《おだ》の軍勢《ぐんぜい》とともに、この剣《けん》で、父上《ちちうえ》をさしころすことになっても知《し》りませんよ。」

「な、なんだと？」

「……わたしだって、ゆめも恋《こい》もあります。それを、このけっこんで、美濃《みの》の国《くに》とか父上《ちちうえ》のために、すべてをなくさなくてはならないんです。父上《ちちうえ》がさしころされても、ちっともおかしくないでしょう。」

「おまえの、ゆ、ゆめ？　恋《こい》だと……いったい、相手《あいて》はだれだっ！」

「今《いま》さら、父上《ちちうえ》に申《もう》しあげるつもりはありませぬ。」

戦国時代《せんごくじだい》、女《おんな》の人《ひと》は、身分《みぶん》が高《たか》くても、いや、身分《みぶん》が高《たか》ければ高《たか》

いほど、人質《ひとじち》となったり、国《くに》どうしのむすびつきを強《つよ》めるために、べつの国《くに》の領主《りょうしゅ》とけっこんさせられることがしばしばあります。*はかない恋心《こいごころ》も、けっしてかなえられることは、ない。濃姫《のうひめ》は、そのことをよく知《し》っていました。だから、父《ちち》の言葉《ことば》にしたがって、尾張《おわり》の信長《のぶなが》に、とついできたのでした。

*はかない…長《なが》くつづかず、もろく弱《よわ》い。

「津島《つしま》の商人《しょうにん》は、みな、ゆたかだ。なんといっても、[*1]三河湾《みかわわん》や、[*2]伊《い》勢《せ》湾《わん》の交易《こうえき》の中心《ちゅうしん》だからな。そこからの富《とみ》は、ばく大《だい》だ。」

「でも、その富《とみ》を使《つか》って、何《なに》をなさるおつもり？」

信長《のぶなが》は、にやりとわらいました。

「一《ひと》つは、その金《かね》で、武器《ぶき》が買《か》える。鉄砲《てっぽう》とか、な。あとは……、こいつらを、やしなうためさ。」

そういって、信長《のぶなが》は、後《うし》ろをふりかえりました。

そこには、少年《しょうねん》たちが十数人《じゅうすうにん》、ひかえているではありませんか。みな、信長《のぶなが》と同《おな》じように、ついさっきまで野山《のやま》をかけまわっていた、といわんばかりのよごれたかっこうでしたが、だれもが、きたえぬかれた、たくましい体《からだ》つきでした。

「まあ！　いつのまに……。」

「ずっと、おそばに」といったのは、りりしい顔《かお》つきの少年《しょうねん》です。

「こいつが、万千代《まんちよ》。みんなを、たばねている。」

「以後《いご》、お見知《みし》りおきを。[3]丹羽万千代《にわまんちよ》でござる。」

そのとなりの少年《しょうねん》も名乗《なの》りました。

[4]「前田犬千代《まえだいぬちよ》と申《もう》します。お二人《ふたり》を、じゃましてはいけないと思《おも》い、[5]遠《とお》まきにしておりました。」

「な、なんなのですか、この者《もの》たちは。」

「とりあえず、[6]那古野《なごや》の城《しろ》においている。いってみれば、おれの直《ちょく》属《ぞく》の家来《けらい》だ。今《いま》、こういう連中《れんちゅう》を、三百人《にん》ほどかかえているが、ゆくゆくはその倍《ばい》、いや、十倍《ばい》は集《あつ》めたい。だが、それだけの人《にん》

＊1三河湾《みかわわん》…愛知県南部《あいちけんなんぶ》の、渥美半島《あつみはんとう》と知多半島《ちたはんとう》にかこまれた湾《わん》。＊2伊勢湾《いせわん》…三重県《みえけん》の志摩半島《しまはんとう》、渥美半島《あつみはんとう》と知多半島《ちたはんとう》にかこまれた湾《わん》。＊3丹羽万千代《にわまんちよ》…のちの丹羽長秀《にわながひで》。五郎左《ごろうざ》（衛門《えもん》）ともいう。＊4前田犬千代《まえだいぬちよ》…のちの前田利家《まえだとしいえ》。又左《またざ》（衛門《えもん》）ともいう。＊5遠《とお》まき…遠《とお》くからまわりをかこむこと。＊6那古野《なごや》の城《しろ》…今《いま》の名古屋城《なごやじょう》の前身《ぜんしん》。

数《ずう》をやしなうには、金《かね》もかかる。」

「やしなう？」濃姫《のうひめ》は、首《くび》をかしげます。「家来《けらい》は、自分《じぶん》の土地《とち》に住《す》んで、はたらいているのではないのですか？」

この戦国時代《せんごくじだい》、武将《ぶしょう》の家来《けらい》は、田《た》んぼで米《こめ》をつくりながら、戦《いくさ》にそなえていました。つまり、農民《のうみん》でもあったわけです。だから、田《た》植《う》えや稲《いね》かりの時期《じき》には、戦《いくさ》はしません。せっかくうばいとった城《しろ》も、農業《のうぎょう》がいそがしくなると、兵《へい》たちが自分《じぶん》の家《いえ》に帰《かえ》ってしまい、うばいかえされることもしょっちゅうでした。

「今《いま》まではそうだ。だが、おれの家来《けらい》は、城中《じょうちゅう》か、城下《じょうか》に住《す》まわせる。何《なに》かあったら、おれのひと声《こえ》で、すぐにかけつけられるようにな。そのためには、自分《じぶん》の土地《とち》にしがみつかれていてはこまる。

おれが直接《ちょくせつ》、こいつらをやとえば、それができる。」

「それで、津島商人《つしましょうにん》の力《ちから》がほしいのですね？」

「やしなうには、金《かね》がかかる。だが、そのねうちはあるよ。ここにいるのは、みんな、戦《いくさ》の名人《めいじん》だ。」

信長《のぶなが》はほこらしげにいいました。

「あなたの＊親《しん》えい隊《たい》ということなのね。どうやってえらんだの。」

わか者《もの》たちは、どっとわらいました。

＊親《しん》えい隊《たい》……主君《しゅくん》などの身《み》を守《まも》る軍隊《ぐんたい》。

万千代《まんちよ》という少年《しょうねん》がいいます。

「*1わか殿《との》は、すもうをとって、われらをえらぶのです。」

「すもう？　……信長《のぶなが》さまのすもうずきは知《し》っていますが……。」

信長《のぶなが》は、あきれるほど、すもうずきだという話《はなし》は、有名《ゆうめい》でした。

「われらはみな、わか殿《との》に負《ま》けて、家来《けらい》になったのです。」

「ええっ。まさか。そんなに信長《のぶなが》さまは、すもうが強《つよ》いの？」

濃姫《のうひめ》はおどろきました。みんな、*2筋骨《きんこつ》りゅうりゅうとした、りっぱな体《からだ》つきのわか者《もの》ばかりです。背《せ》も高《たか》く、中《なか》には信長《のぶなが》の倍《ばい》ほどもあろうかという、大男《おおおとこ》もいました。

いくら信長《のぶなが》でも、こんな連中《れんちゅう》に勝《か》てるはずがありません。

「わかった！　信長《のぶなが》さまにえんりょして、わざと負《ま》けたんでしょ。」

＊1わか殿《との》…殿《との》のあととりむすこに対《たい》するよび名《な》。＊2筋骨《きんこつ》りゅうりゅう…体《からだ》つきがたくましいこと。

「とんでもない！」みな、口《くち》ぐちにさけびました。

「そんなこと、できるはずがありません。本気《ほんき》でやらなかったら、その場《ば》でわか殿《との》にきりころされてしまいます！」

「だから、全力《ぜんりょく》でわか殿《との》とすもうをとるんです！」

「でも、あなたたち、本気《ほんき》なら、信長《のぶなが》さまに負《ま》けるはずがないでしょ？」

「それが……」と万千代《まんちよ》。

「さいしょの一番《ばん》で、わか殿《との》が、われらに負《ま》けることは、しょっちゅうあります。ところが、わか殿《との》はそれで終《お》わらないんです。『つぎ！』『つぎ！』『もう一番《ばん》！』と、何度《なんど》も何度《なんど》もおやりになる。だから、どんなに強《つよ》いやつでも、最後《さいご》はわか殿《との》に組《く》みしかれてしまい……。」

「『まいりました』というと、わか殿《との》が『よし、おれの家来《けらい》にしてやろう』とおっしゃるんです。」

「そのとき、われらは、みな、この方《かた》のためなら命《いのち》をすててもいい、という気持《きも》ちになります。」

と、犬千代《いぬちよ》。

「信長《のぶなが》さまって、すごいのね……。」

と、濃姫《のうひめ》が感心《かんしん》したときです。

「何《なに》をほめているんですか。ただ

の、意地《いじ》っぱりで、負《ま》けずぎらいなだけ！」と、守《も》り役《やく》の平手政秀《ひらてまさひで》が口《くち》をはさみました。

「わざわざわか殿《との》がうでだめしをしなくても、家来《けらい》をえらぶなら、ほかにいくらでもやり方《かた》はあるんです。大将《たいしょう》のすることではありませぬ！」

「でも、信長《のぶなが》さまは、一人《ひとり》ひとりとすもうをとるわけだから、あなたたちのせいかくまで、すっかりわかっておられるのよね？」

「さすが、*マムシのむすめは目《め》のつけどころがちがうな」と信長《のぶなが》。

「わか殿《との》！　姫《ひめ》のお父上《ちちうえ》のことを、マムシなどと。」

政秀《まさひで》があせりましたが、濃姫《のうひめ》はすずしい顔《かお》でわらいます。濃姫《のうひめ》の父《ちち》の道三《どうさん》は、人《ひと》びとから「マムシ」とよばれておそれられていました。

*マムシ…毒《どく》をもったヘビ。ほぼ日本全土《ぜんど》に生息《せいそく》する。

「われらは、日本一《いち》のさむらい。マムシ殿《どの》にも負《ま》けませぬ！」

「こら、万千代《まんちよ》！　おまえまで……。」

「うふふ。いいのです。でも、父《ちち》の軍団《ぐんだん》は強《つよ》いですよ。」

「たしかに」と、政秀《まさひで》はうなずきました。すると、信長《のぶなが》はわか者《もの》たちを見《み》ながらいいました。

「おれはいつか、こいつらと、尾張《おわり》や美濃《みの》だけでなく、*天下《てんか》をわがものにする。そしたら、この、まきわら船《ぶね》のように、光《ひか》りかがやく巨大《きょだい》な城《しろ》をつくるんだ。そのときは、一番《いちばん》に、姫《ひめ》に見《み》せようぞ。」

「そんな日《ひ》が、くるのでしょうか。」

すると、またしても平手政秀《ひらてまさひで》が口《くち》をはさみました。

「あほらしい。そんな、しょーもないことをおっしゃるから、わか殿《との》は、まわりからバカにされるのです。ふん、尾張《おわり》の南半分《みなみはんぶん》、さらにその四分《ぶん》の一の領地《りょうち》しかない、小《ちい》さな城《しろ》で、天下《てんか》をとる、ですと！　これぞまさしく、天下《てんか》のわらい者《もの》でございます。」

すると、濃姫《のうひめ》が信長《のぶなが》に、すっとよりそいました。

「わたし、そのゆめをおうえんします、信長《のぶなが》さま。……だれにだって、ゆめはあります。かなえられるまで、ゆめに向《む》かって進《すす》みましょうよ。」

「濃姫《のうひめ》……！」信長《のぶなが》は、言葉《ことば》をつまらせながら、いいました。

「はい。」

「おれと、けっこんしてくれ。」

「もう、してるのよ。わたしたち。」

＊天下《てんか》……ここでは日本全国《ぜんこく》のこと。

わか者《もの》たちが、どっとわらいました。

「おおー！　わか殿《との》と姫《ひめ》さまは、なんとおにあいだろう！」

「これで美濃《みの》との仲《なか》も一安心《ひとあんしん》。」

*1「今川《いまがわ》と、心《こころ》おきなく、たたかえるというものだ。」

「そうだ、そうだ！」

信長《のぶなが》は、するどい目《め》で、わか者《もの》たちを見《み》わたしました。

「今川《いまがわ》の前《まえ》に、まず、尾張一国《おわりいっこく》を、われらのものにしなければ、な。」

わか者《もの》たちの顔《かお》が、急《きゅう》に引《ひ》きしまります。

「明日《あす》から、また、みんなで戦《いくさ》のけいこをするぞ。」

「はいっ！」「おう！」

「あの……」と濃姫《のうひめ》。

「いつも石投《いしな》げをしたり、川《かわ》で泳《およ》いだり、馬《うま》を走《はし》らせたり、タカ狩《が》り*2をしたりなさっておられますが……あれは全部《ぜんぶ》戦《いくさ》のけいこなのですか？」

信長《のぶなが》はきょとんとしました。

「ほかに、何《なに》か理由《りゆう》でもあるのか？」

「わたし、てっきり遊《あそ》んでおられるものとばかり……。」

その日《ひ》、那古野《なごや》の城《しろ》に帰《かえ》るまで、濃姫《のうひめ》の口元《くちもと》には、ずっとえみがたえませんでした。

＊1今川《いまがわ》…今川氏《いまがわし》。駿河国《するがのくに》と遠江国《とおとうみのくに》（ともに今《いま》の静岡県《しずおかけん》）を支配《しはい》していた戦国大名《せんごくだいみょう》。　＊2タカ狩《が》り…タカやハヤブサを放《はな》って、ウサギなどをつかまえること。

二 織田家《おだけ》の人《ひと》びと

信長《のぶなが》は、尾張《おわり》の国《くに》に、武将《ぶしょう》、織田信秀《おだのぶひで》の嫡子《ちゃくし》（あととり）として生《う》まれました。今《いま》から五百年《ねん》ほど前《まえ》のことです。無名《むめい》の戦国武将《せんごくぶしょう》だった織田信長《おだのぶなが》が、どうして天下《てんか》をねらう大名《だいみょう》になれたのでしょう。

それを知《し》るため、少《すこ》しだけ、時代《じだい》をさかのぼりましょう。

信長《のぶなが》が生《う》まれる前《まえ》、織田一族《おだいちぞく》は尾張《おわり》の国《くに》を支配《しはい》していました。しかし、それは信長《のぶなが》の織田家《おだけ》とはべつなのです。

尾張《おわり》の国《くに》の北《きた》（上四郡《かみよんぐん》）を支配《しはい》したのが織田伊勢守《おだいせのかみ》、南《みなみ》（下四郡《しもよんぐん》）が織田大和守《おだやまとのかみ》で、これが織田《おだ》の本家《ほんけ》となる一族《いちぞく》です。南《みなみ》を支配《しはい》する清洲城《きよすじょう》には、織田大和守《おだやまとのかみ》の元《もと》に、織田《おだ》の姓《せい》をもつ三人《にん》の家老《かろう》*1（三奉行《ぶぎょう》とよばれた）がいました。

その一人《ひとり》が、信長《のぶなが》の父《ちち》、織田信秀《おだのぶひで》です。つまり、信長《のぶなが》の父《ちち》は織田《おだ》本家《ほんけ》の家来《けらい》の一人《ひとり》で、*2ゆいしょある大名《だいみょう》というわけではありませんでしたが、「織田弾正忠《おだだんじょうのじょう》」という、*3朝廷《ちょうてい》からもらった位《くらい》を名乗《なの》っていました。

信長《のぶなが》の祖父《そふ》にあたる織田信定《おだのぶさだ》は、清洲城《きよすじょう》の西《にし》にある勝幡城《しょばたじょう》で、家《か》老《ろう》として、清洲城《きよすじょう》の織田本家《おだほんけ》をささえていました。

*1家老《かろう》…大名《だいみょう》の家来《けらい》の中《なか》で一番上《いちばんうえ》の位《くらい》。　*2ゆいしょ…りっぱな歴史《れきし》。　*3朝廷《ちょうてい》…天皇《てんのう》が政治《せいじ》を行《おこな》った所《ところ》。

世《よ》は戦国時代《せんごくじだい》。

「下克上《げこくじょう》」といって、家来《けらい》の武将《ぶしょう》が、主君《しゅくん》をほろぼすこともあります。信定《のぶさだ》は考《かんが》えました。

「清洲《きよす》の織田本家《おだほんけ》をうてば、尾張《おわり》の南半分《みなみはんぶん》が手《て》に入《はい》る。だが、それをすれば、まわりじゅうから攻《せ》められ、たとえ勝《か》っても、わしらのひょうばんは最悪《さいあく》になる。どうしたら、うまく手《て》に入《い》れられるだろう。」

そこで信定《のぶさだ》が目《め》をつけたのが、勝幡城《しょばたじょう》に近《ちか》い、津島港《つしまこう》でした。ここは、京都《きょうと》の八坂神社《やさかじんじゃ》とならぶ、有名《ゆうめい》な津島神社《つしまじんじゃ》の*門前町《もんぜんまち》として、たいそうさかえていました。

信長《のぶなが》が生《う》まれる十年《ねん》ほど前《まえ》、信定《のぶさだ》は、この町《まち》をおそい、強引《ごういん》に自《じ》

*門前町《もんぜんまち》…寺社《じしゃ》の門《もん》のあたりでさかえた町《まち》。

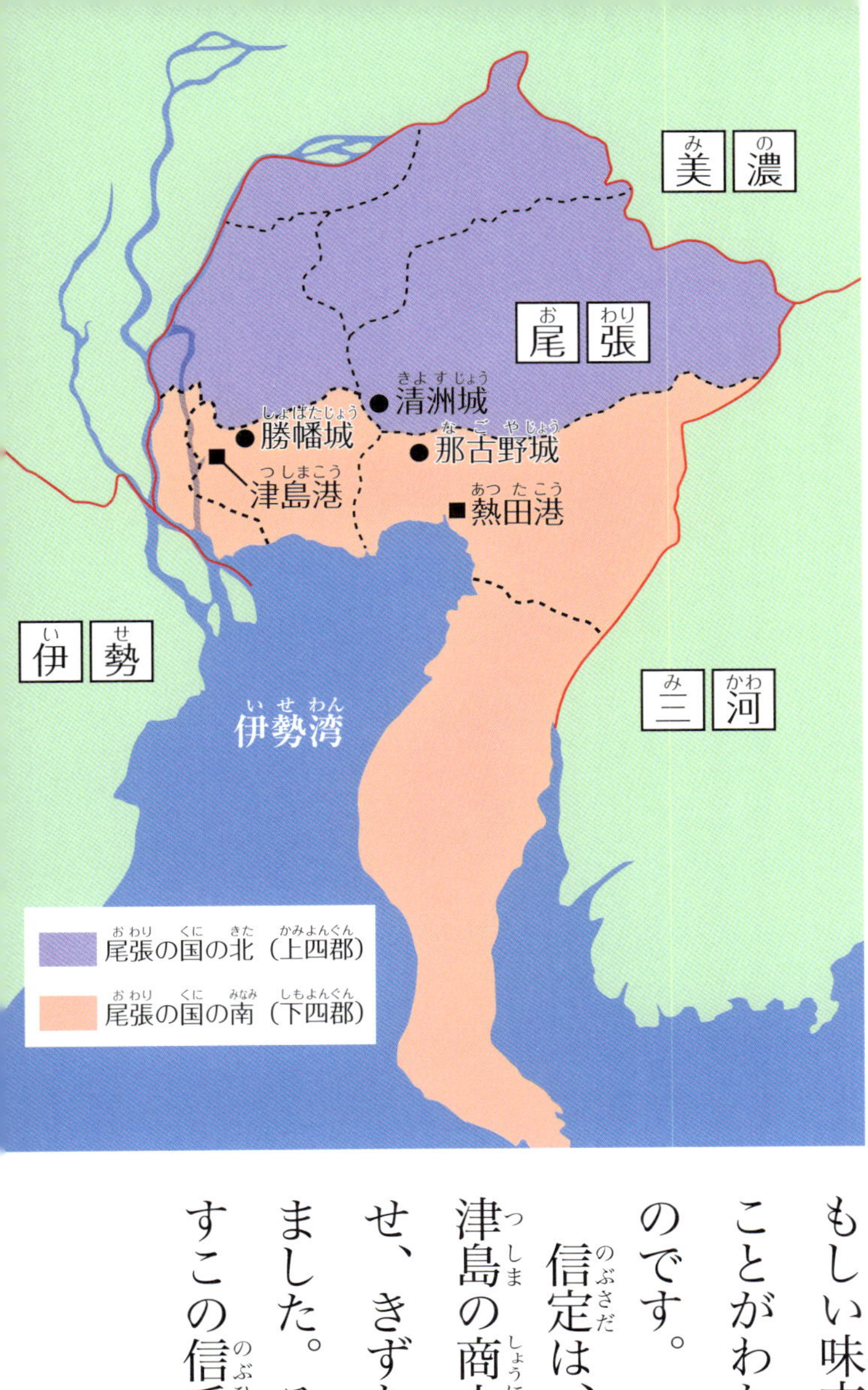

分《ぶん》の領地《りょうち》にしました。さいしょ、はげしくていこうした津島《つしま》の商人《しょうにん》も、やがて織田家《おだけ》と交流《こうりゅう》するようになります。

いつしか商人《しょうにん》たちは、織田家《おだけ》が、自分《じぶん》たちを守《まも》ってくれる、たのもしい味方《みかた》でもあることがわかってきたのです。

信定《のぶさだ》は、むすめを津島《つしま》の商人《しょうにん》にとつがせ、きずなを強《つよ》くしました。そして、むすこの信秀《のぶひで》も、津島《つしま》を大事《だいじ》にしました。

父《ちち》、信定《のぶさだ》が、なぜぎせいをかえりみず、商人《しょうにん》の港《みなと》をうばったのか。そのほんとうの意味《いみ》に信秀《のぶひで》が気《き》づいたのは、父《ちち》のあとをついで勝幡《しょばた》城《じょう》の城主《じょうしゅ》になったときでした。

「津島《つしま》から、こんなにたくさんのお金《かね》が入《はい》ってくるのか……！」

尾張《おわり》の小《ちい》さな領地《りょうち》でくらす、いなか武将《ぶしょう》にとっては、信《しん》じられないほどの大金《たいきん》でした。

そのお金《かね》を使《つか》って、信秀《のぶひで》は、ほかの尾張《おわり》の武将《ぶしょう》とはちがう実力《じつりょく》をたくわえます。

ふつうは領地《りょうち》からとれる米《こめ》*1のとれ高《だか》によって、兵《へい》の数《かず》も決《き》まるのですが、信秀《のぶひで》の領地《りょうち》はさほど広《ひろ》くないのに、兵《へい》が多《おお》いのです。あるときは、＊2近江《おうみ》の国《くに》から、兵《へい》をやとったこともありました。

ただ、兵《へい》の数《かず》が多《おお》かっただけではありません。たとえば、あるとき＊3駿河《するが》の今川氏《いまがわし》が、大軍《たいぐん》で攻《せ》めてきました。駿河《するが》の今川義元《いまがわよしもと》は、＊4足利将軍家《あしかがしょうぐんけ》と親《しん》せきの名門《めいもん》で、「海道一《かいどういち》の弓《ゆみ》取《と》り」（＊5東海地方《とうかいちほう》で一番強《いちばんつよ》い）とよばれる武将《ぶしょう》でした。その軍勢《ぐんぜい》を、信秀《のぶひで》は少数《しょうすう》の兵力《へいりょく》でうちやぶり、追《お》いかえしてしまったのです。

このように、信秀《のぶひで》の名《な》が高《たか》まると、今度《こんど》は、熱田神宮《あつたじんぐう》のある、熱《あつ》田港《たこう》を手《て》に入《い》れようとしました。

熱田《あつた》も、津島《つしま》と同《おな》じようにさかえていたのです。

信長《のぶなが》が五歳《さい》のとき、信秀《のぶひで》は、ついに熱田《あつた》をおさえ、二《ふた》つ目《め》の港町《みなとまち》を自分《じぶん》のものにしました。もちろん、熱田《あつた》から入《はい》ってくるお金《かね》も、

＊1とれ高《だか》…とれるりょう。＊2近江《おうみ》…今《いま》の滋賀県《しがけん》の旧国名《きゅうこくめい》。＊3駿河《するが》…静岡県東部《しずおかけんとうぶ》の旧国名《きゅうこくめい》。＊4足利将軍家《あしかがしょうぐんけ》…室町幕府《むろまちばくふ》をきずいた足利尊氏《あしかがたかうじ》に始《はじ》まる、代《だい》だい将軍《しょうぐん》（幕府《ばくふ》の代表者《だいひょうしゃ》）を受《う》けついだ家《いえ》がら。＊5東海地方《とうかいちほう》…静岡県《しずおかけん》、愛知県《あいちけん》、岐阜県《ぎふけん》の3つの県《けん》のあたり。

ばく大《だい》です。

「この金《かね》を、むだにしてはならない。」

信秀《のぶひで》は、伊勢神宮《いせじんぐう》や、*1京都御所《きょうとごしょ》に、たくさんのお金《かね》をきふしました。今《いま》のお金《かね》で、何億円《なんおくえん》ものがくです。地方《ちほう》の武将《ぶしょう》にしては、ものすごいお金《かね》でした。

昔《むかし》とちがい、領地《りょうち》も少《すく》なく、まずしくなった朝廷《ちょうてい》にとっては、のどから手《て》が出《で》るほどほしいお金《かね》でした。

こうして、信秀《のぶひで》は、朝廷《ちょうてい》から、高《たか》い地位《ちい》をおくられます。今《いま》や織《お》田《だ》弾正忠家《だんじょうのじょうけ》は、尾張《おわり》のほかの武将《ぶしょう》たちをはるかにこえる、高《たか》い地位《ちい》についたのです。

当時《とうじ》、京都《きょうと》は日本の首都《しゅと》。そこでのうわさは、全国《ぜんこく》に広《ひろ》がります。

やがて人《ひと》びとは、尾張《おわり》の織田弾正《おだだんじょうの》忠家《じょうけ》こそ、尾張《おわり》を代表《だいひょう》する武将《ぶしょう》だと思《おも》うようになりました。のちに信長《のぶなが》が京《きょう》にのぼり、「織田弾正忠《おだだんじょうのじょう》」と名《な》乗《の》ったとき、「ああ、あの、尾張《おわり》の武将《ぶしょう》か」と、人《ひと》びとはうなずきあったのです。

信秀《のぶひで》は、戦《いくさ》が強《つよ》いだけでなく、＊2規《き》格《かく》はずれの男《おとこ》でした。

やることなすこと、すべて、すばやいのです。戦場《せんじょう》での行動《こうどう》も、はん

＊1京都御所《きょうとごしょ》…京都《きょうと》にある天皇《てんのう》の住《す》まい。＊2規格《きかく》はずれ…行動《こうどう》やせいかくがふつうとは、かけはなれていること。

だんも、信秀《のぶひで》はつねにだれよりも早《はや》く決《けっ》だんし、実行《じっこう》しました。

妻《つま》もたくさんいて、子《こ》どもは、信長《のぶなが》をはじめ、二十四人《にん》もいました。清洲城《きよすじょう》の織田本家《おだほんけ》が、熱田《あつた》をうばった信秀《のぶひで》の行動《こうどう》にまゆをひそめ、文句《もんく》をいっても、知《し》らん顔《かお》。もはや、尾張《おわり》の南半分《みなみはんぶん》の実際《じっさい》の支《し》配者《はいしゃ》は、信秀《のぶひで》でした。

そして今川《いまがわ》の城《しろ》だった那古野城《なごやじょう》を、たくらみによって、うばいとった信秀《のぶひで》は、やがてむすこの信長《のぶなが》を、その城主《じょうしゅ》にすえました。

「信長《のぶなが》は、わしのあとつぎだ。一流《いちりゅう》の男《おとこ》になってもらいたい。金《かね》に糸目《いとめ》はつけない。一流《いちりゅう》の師《し》をまねき、信長《のぶなが》を教育《きょういく》しろ。」

そこで信長《のぶなが》は、武士《ぶし》のたしなみを、信秀《のぶひで》が全国《ぜんこく》から集《あつ》めた、すぐれた師匠《ししょう》から学《まな》びます。剣術《けんじゅつ》も、槍《やり》も、弓《ゆみ》も、馬術《ばじゅつ》も、さらに水泳《すいえい》までも、毎日《まいにち》、けいこしました。信長《のぶなが》は、どのけいこも熱心《ねっしん》で、すぐにわざをきわめ、めきめき才能《さいのう》をあらわしました。

けいこが終《お》わると、那古野城《なごやじょう》にいるわか者《もの》たちとともに、城下《じょうか》の野良《のら》[*1]へと遊《あそ》びに出《で》かけ、戦《いくさ》のけいこばかりしていました。

そんなある日《ひ》のこと。

馬《うま》に乗《の》った信長《のぶなが》が、とつぜん、わか者《もの》たちにいいました。

「腹《はら》がへった。今日《きょう》は、万松寺《ばんしょうじ》で、何《なに》か食《く》わせてもらおう。」

万松寺《ばんしょうじ》は、那古野城《なごやじょう》のそばに信秀《のぶひで》がたてた、織田家《おだけ》の菩提寺《ぼだいじ》[*2]で、広《ひろ》い土地《とち》をもっています。

みんな、信長《のぶなが》のあとからぞろぞろお寺《てら》に入《はい》っていきます。

*1野良《のら》…野原《のはら》や田畑《たはた》。　*2菩提寺《ぼだいじ》…その家《いえ》のお墓《はか》があり、そう式《しき》や供養《くよう》を行《おこな》う寺《てら》。

寺《てら》の僧《そう》が、わか者《もの》たちに、塩《しお》むすびをふるまいました。信長《のぶなが》たちは、お返《かえ》しに、農家《のうか》からもらってきたカキの実《み》を、僧《そう》たちに配《くば》ります。そこへ、万松寺《ばんしょうじ》の住職《じゅうしょく》があらわれました。

「これは、*1大《おお》おじ！」

父《ちち》のおじである、大雲永瑞和尚《だいうんえいずいおしょう》です。

「信長《のぶなが》か。信秀《のぶひで》も、次《つぎ》つぎ、頭《ず》つうのたねばかり育《そだ》てておるのう。」

「わたしのほかに、父《ちち》の頭《ず》つうのたねがありましたっけ？」

「会《あ》ってみるか？」

「いったいだれに？」

「世《よ》が世《よ》なら、おとなり、*2三河《みかわ》のあるじだ。」

「三河《みかわ》の……あるじ？　武将《ぶしょう》ですか？」

＊1大《おお》おじ…父親《ちちおや》や母親《ははおや》のおじにあたる人《ひと》。＊2三河《みかわ》…今《いま》の愛知県東部《あいちけんとうぶ》の旧国名《きゅうこくめい》。

「いや、まだ小《ちい》さい子《こ》どもだよ。いろいろあって、おまえの父《ちち》がうばってきた。今《いま》は織田家《おだけ》の人《ひと》質《じち》だが、元《もと》は今川《いまがわ》の人質《ひとじち》だ。なのに弱音《よわね》もはかず、毎日《まいにち》せっせと学問《がくもん》にはげんでいる。けなげで、＊3利発《りはつ》な子《こ》だ。おまえに、あの子《こ》の＊4つめのあかでもせんじて飲《の》ませたいくらいさ。」

「二重《にじゅう》の人質《ひとじち》というわけですか。なんだか、かわいそうですね。」

＊3利発《りはつ》…頭《あたま》がよく、かしこいこと。＊4つめのあかをせんじて飲《の》む…すぐれた人《ひと》を少《すこ》しでも見習《みなら》うこと。

すると、とつぜん、一人《ひとり》の子《こ》どもが信長《のぶなが》の前《まえ》にあらわれました。

「おお、うわさをすれば」と、住職《じゅうしょく》がいいました。

「これが、その子《こ》だよ。」

子《こ》どもは、信長《のぶなが》をじっと見《み》つめます。そしていいました。

「あなたは、信長《のぶなが》さまですか。」

「で、あるぞ。そなたは。」

「松平竹千代《まつだいらたけちよ》[*1]と申《もう》します。織田家《おだけ》のお世話《せわ》になっております。」

「お世話《せわ》って、まあ、人質《ひとじち》だからなあ。」

「以後《いご》、お見知《みし》りおきを。いつか、この人質《ひとじち》の身《み》をぬけだし、わたしを待《ま》っている家来《けらい》とともに、三河《みかわ》の城《しろ》へもどるつもりです。そのときは、どうか、よろしくおねがいいたします。」

よどみない言葉《ことば》。いかにも、かしこい子《こ》どもでした。信長《のぶなが》は、竹《たけ》千代《ちよ》のかたに手《て》をおいて、いいました。

「おれも、おまえも、人《ひと》の上《うえ》に立《た》つという、おかしな立場《たちば》のもとに生《う》まれたらしいな。だが、だれをうらむわけにもいかない。人《ひと》には、それぞれの立場《たちば》で、やらねばならない仕事《しごと》がある。なら、おたがい、その仕事《しごと》ってやつを、見事《みごと》にやってのけようじゃないか！」

竹千代《たけちよ》は、目《め》をみはって、信長《のぶなが》にうなずきました。

「今《いま》のお言葉《ことば》で、目《め》の前《まえ》に、ぱっと光《ひかり》がさしたような気《き》がします。自分《じぶん》の運命《うんめい》を、なげいたこともありましたが、あなたは、人生《じんせい》を、まるで……まるで、*2公案《こうあん》でも解《と》くようなものだと思《おも》っておられる

*1松平竹千代《まつだいらたけちよ》…のちの徳川家康《とくがわいえやす》。松平元康《まつだいらもとやす》ともいう。　*2公案《こうあん》…仏教《ぶっきょう》の宗派《しゅうは》の一《ひと》つである禅宗《ぜんしゅう》で、僧《そう》が考《かん》えなければならない問題《もんだい》のこと。

んだ！」

「そんなむずかしいもんじゃない」と信長《のぶなが》はわらいました。

「短《みじか》い命《いのち》、どうせ生《い》きるなら、おもしろく生《い》きよう、ってこった。しかし、おまえはおもしろいやつだ。また、会《あ》おう。」

「わたしも、お会《あ》いしたいです！」

それからも、信長《のぶなが》は、ときどき竹千代《たけちよ》に会《あ》いに、万松寺《ばんしょうじ》をおとずれました。二人《ふたり》は年《とし》の差《さ》など関係《かんけい》なく話《はな》しこみ、親《した》しい兄弟《きょうだい》のようでした。

ある日《ひ》、竹千代《たけちよ》がいいました。

「美濃《みの》の斎藤道三殿《さいとうどうさんどの》の姫君《ひめぎみ》と、ごけっこんなさるそうですね。」

「おお、耳《みみ》が早《はや》いな。それがどうした。」

「美濃《みの》と尾張《おわり》が手《て》を組《く》めば、天《てん》下《か》に手《て》がとどきますね。」

信長《のぶなが》は、ぎょっとしたように竹千代《たけちよ》をにらみました。

「……何《なに》がいいたいのだ。」

「そのときは、わたしもお手伝《てつだ》いいたしとうございます。」

信長《のぶなが》は、わらいました。

「ふん。なぜ、そんなことを考《かんが》えているんだ？」

すると竹千代《たけちよ》はいいました。

「この日本を、かえたいと思《おも》うからでございます。」

一年後《ねんご》、人質交《ひとじちこう》かんによって、竹千代《たけちよ》は、ふたたび駿河《するが》の今川氏《いまがわし》の元《もと》へ送《おく》られます。人質《ひとじち》の身《み》でありながら、竹千代《たけちよ》は、やがて、今《いま》川氏《がわし》の中《なか》で、独立《どくりつ》した力《ちから》をたくわえていったのでした。

信長《のぶなが》は、尾張《おわり》では、「うつけ」という、最悪《さいあく》のひょうばんをたてられていました。

たしかに本人《ほんにん》は、らんぼう者《もの》で、服《ふく》そうがだらしなかったりしましたが、そんなことは、戦国時代《せんごくじだい》の武将《ぶしょう》の子《こ》なら、ありうることです。なのに、どうして、信長《のぶなが》だけが、「うつけ」とよばれて、みんなからバカにされたのでしょう。

理由《りゆう》はこうです。

父《ちち》の信秀《のぶひで》には、おもてだって[*1]、だれも何《なに》もいえません。力《ちから》があるからです。でも、うらでは「あの、なりあがり者《もの》[*2]が！」「金《かね》にものをいわせて、位《くらい》を買《か》いおって」「かつての主人《しゅじん》を、城《しろ》のすみに追《お》いやり」「自分《じぶん》こそが尾張《おわり》のあるじといわんばかりに、美濃《みの》から姫《ひめ》をもらってきた」など、さんざんにいわれていたのです。そして、信秀《のぶひで》があとつぎとした信長《のぶなが》のことを「うつけだ」「近《ちか》ごろまれにみる、バカ者《もの》だ」「あれではだれもついていかない」「弟《おとうと》のほうが、はるかに人間《にんげん》ができている」といって、暗《あん》に信秀《のぶひで》をけなしていたのです。

尾張《おわり》の、ほかの武将《ぶしょう》たちは「信秀《のぶひで》の力《ちから》には負《ま》けるが、やつが死《し》んだら、そのときこそ、自分《じぶん》たちの時代《じだい》がくる」と考《かんが》えていました。

＊1おもてだつ…広《ひろ》く世間《せけん》に知《し》られる。　＊2なりあがり者《もの》…低《ひく》い身分《みぶん》から急《きゅう》に高《たか》い身分《みぶん》になった人《ひと》。

そのときのために、信秀《のぶひで》のあとつぎ、信長《のぶなが》を、のさばらせるわけにはいかなかったのです。

一方《いっぽう》で、信長《のぶなが》の弟《おとうと》、＊信行《のぶゆき》は、おとなしいので、そちらをあるじにしたいのです。だから、信行《のぶゆき》のひょうばんは、上《あ》がるばかりです。

「じつにりっぱな、落《お》ちついたふるまい」「あるじにふさわしいせいかくだ」「かしこい」「人《ひと》の上《うえ》に立《た》つ、人間《にんげん》の器《うつわ》ができている」……。

信秀《のぶひで》が「信長《のぶなが》こそ、わが家《いえ》のあととりである」と、宣言《せんげん》しているのに、尾張《おわり》の武将《ぶしょう》たちは、信長《のぶなが》をおとしめることに必死《ひっし》でした。

じつは、かれらは、信長《のぶなが》のすごさに、うすうす気《き》づいていたのです。信長《のぶなが》は、強《つよ》く、かしこい武将《ぶしょう》で、信秀《のぶひで》ににている。まだ小《ちい》さいうちに、つぶしておこう。……こうして信長《のぶなが》は「うつけ」とよばれることになってしまったのです。

しかし、信秀《のぶひで》は、そんなうわさを気《き》にもせず、信長《のぶなが》の守《も》り役《やく》を四人《にん》、えらびました。いずれも、織田家《おだけ》をささえる家老《かろう》です。

そのうち、信長《のぶなが》を、「あれは、だめです。とても将来《しょうらい》のみこみはない」といったのは、弾正忠《だんじょうのじょう》家《け》ナンバーワンの家老《かろう》、林《はやし》佐渡《さど》守《かみ》秀貞《ひでさだ》でした。ほかの二人《ふたり》の家《か》老《ろう》も同《おな》じ意見《いけん》。しかし、四人《にん》の

＊信行《のぶゆき》…信勝《のぶかつ》、勘十郎《かんじゅうろう》ともいう。

中《なか》で、平手政秀《ひらてまさひで》だけは「いや、天才《てんさい》かもしれませぬ」と、信長《のぶなが》をみとめていました。

信長《のぶなが》は、平手政秀《ひらてまさひで》をのぞく、ほかの守《も》り役《やく》が、大《だい》きらいでした。

あるとき、信長《のぶなが》は父《ちち》にうったえます。

「平手政秀《ひらてまさひで》は、話《はなし》をしてもおもしろい。京都《きょうと》の＊1公家《くげ》ともつきあいがあり、＊2蹴鞠《けまり》も＊3連歌《れんが》もうまいし、＊4古今《ここん》のさまざまなことを知《し》っています。しかし、そのほかは、みんな、頭《あたま》がかたくて、＊5筆頭家老《ひっとうかろう》の林《はやし》なんて、わたしをおさえつけることしか考《かんが》えていない。『そんなことをしては織田家《おだけ》の面目《めんぼく》がたちませぬ』しかいわない。こいつらといっしょにいるだけで、息《いき》がつまります。」

「ふっふっふ。向《む》こうもそういっておるわ」と信秀《のぶひで》はわらいました。

「家臣《かしん》たちも、二《ふた》つに分《わ》かれているようだ。」

「わたしは、織田《おだ》のあとをつぐ者《もの》です。信行《のぶゆき》は弟《おとうと》。そちらにつくということは、＊6むほんと同《おな》じではありませんか。」

「そうだな。だが、尾張《おわり》の武将《ぶしょう》はそれぞれふくざつな糸《いと》でむすばれている。なんだかんだいっても、敵《てき》ではないのだ。かれらをまとめなければならない。なかなか、＊7一《ひと》すじなわではいかないがね。」

「どうすればよいのでしょう。」

「あせるな。おまえが、尾張《おわり》を統一《とういつ》し、織田家《おだけ》をまとめ、家臣団《かしんだん》がすべておまえの味方《みかた》になったら、そのとき、まわりの敵《てき》は、今《いま》こそとばかりに攻《せ》めてくるだろう。北《きた》は美濃《みの》、東《ひがし》は三河《みかわ》に駿河《するが》。みな、この尾張《おわり》がほしい。なんといっても尾張《おわり》は海《うみ》に面《めん》しているし、

＊1公家《くげ》…朝廷《ちょうてい》につかえる身分《みぶん》の高《たか》い人《ひと》のこと。＊2蹴鞠《けまり》…貴族《きぞく》の遊《あそ》びの一《ひと》つ。シカ皮《がわ》のまりを足《あし》の甲《こう》でけりあげ、落《お》とさないように受《う》けわたしする。＊3連歌《れんが》…二人《ふたり》以上《いじょう》の人《ひと》が、短歌《たんか》を交互《こうご》によみつづける歌《うた》のつくり方《かた》。＊4古今《ここん》…昔《むかし》や今《いま》。＊5筆頭家老《ひっとうかろう》…一番《いちばん》えらい家老《かろう》。＊6むほん…家臣《かしん》が主君《しゅくん》にそむき、兵《へい》をあげること。＊7一《ひと》すじなわではいかない…ふつうのやり方《かた》ではうまくいかない。

広《ひろ》い平野《へいや》に米《こめ》がたくさんとれる、ゆたかな土地《とち》だ。津島《つしま》、熱田《あつた》という港《みなと》もある。尾張《おわり》をおさめることは、天下《てんか》をねらうじゅんびができたということさ。だからみな、虎視《こし》たんたんと、尾張《おわり》をねらっている。おまえも知《し》ってのとおり、尾張《おわり》には、たくさんの城《しろ》があり、それぞればらばらだ。だれか強《つよ》い者《もの》があらわれると、みんなで足《あし》を引《ひ》っぱる。だが、世《よ》の中《なか》には、流《なが》れというものがある。いずれは、尾張《おわり》も、だれかが統一《とういつ》するだろう。……それは、わしかもしれんし、おまえかもしれん。」

「わたしが尾張《おわり》を統一《とういつ》します！」

「ふむ。そうなればいいが、今《いま》のところは、みな、おまえをみとめたくないようだ。だが、それでよい。時期《じき》がくるまでは、うつけ

＊虎視《こし》たんたん…じっと機会《きかい》をねらっていること。

のふりをつづけていればいい。」

すると、信長《のぶなが》はいいました。

「父上《ちちうえ》。ほんとのことをいってもよろしいですか。」

「なんなりと。」

「わたしはうつけのふりをしているわけではないのです。」

「なんだと？」

「わたしは、ありのままでいたいから、こうしているんです。バカにされたいわけではありません。人《にん》間《げん》として生《う》まれたからには、やりたいように、すきなように生《い》きていきたい。それを、みながうつけだというのなら、べつにうつけでもかまわない、と思《おも》っているだけです。」

「わっはっは!」

信秀《のぶひで》はごうかいにわらいました。

「だが、それで、みながおまえについてくるか。」

「今《いま》のわたしについてこられない者《もの》は、ついてこなくていい。わたしは、この、息《いき》のつまるような尾張《おわり》が大《だい》きらいです。せまい国《くに》の中《なか》で、おたがいに足《あし》の引《ひ》っぱりあいばかり。もっといえば、わたしは、この、息《いき》のつまる日本が、大《だい》きらいです。だから、わたしは、尾張《おわり》も、日本も、わたしの力《ちから》でかえてしまいたいのです!」

「ふう。それはまた、大《おお》ごとだな」と信秀《のぶひで》はため息《いき》をつきました。

「わしが生《い》きている間《あいだ》は、思《おも》うように生《い》きることもできるだろう。うつけとよばれようが、おまえに指《ゆび》一本《ぽん》ふれさせることはない。だが、わしが死《し》んだら、そうはいかん。どうする？」

「そのときは、わたしのたたかいぶりを、あの世《よ》からごらんになってください。ゆめを追《お》いかけて、とちゅうで死《し》ぬなら、それもまた*本望《ほんもう》です。」

信秀《のぶひで》は満足《まんぞく》そうにうなずきました。やがて、信長《のぶなが》の尾張統一《おわりとういつ》を見《み》ることなく、父《ちち》は病気《びょうき》で死《し》んでしまいます。

信長《のぶなが》が十九歳《さい》のときのことでした。

*本望《ほんもう》…ほんとうののぞみ。

三

尾張《おわり》のうつけ者《もの》

「なんということだ……。」

信長《のぶなが》は、苦《にが》にがしげにつぶやきました。ここは、織田家《おだけ》の菩提寺《ぼだいじ》、万松寺《ばんしょうじ》。父《ちち》、信秀《のぶひで》のそう式《しき》がとりおこなわれています。

信長《のぶなが》は、父《ちち》のあとをつぐ織田家《おだけ》の嫡子《ちゃくし》。だから、真《ま》っ先《さき》に＊1焼香《しょうこう》をしようと、那古野城《なごやじょう》から万松寺《ばんしょうじ》のそう式《しき》の会場《かいじょう》にやってきたのです。

ところが、そこでは、弟《おとうと》の信行《のぶゆき》と、そのとりまき＊2の家臣《かしん》が、そう式《しき》の会場《かいじょう》の真《ま》ん中《なか》に、ずらりとならんでいるではありませんか。

「おお、うつけ者《もの》が来《き》た。」

＊1焼香《しょうこう》…香《こう》をたいてなくなった人《ひと》をとむらうこと。＊2とりまき…力《ちから》のある人《ひと》のそばにいて、きげんをとる人《ひと》。

「何《なに》しに来《き》たのかな。」

「野良《のら》で遊《あそ》んでいればいいのに」などと、あからさまに信長《のぶなが》の悪口《わるくち》をいう者《もの》もいます。父《ちち》が生《い》きているうちはおとなしくしていた、家《か》老《ろう》たちでした。

そこへ、「信長《のぶなが》さま！」と、あわてふためいてやってきたのは、ただ一人《ひとり》の味方《みかた》、平手政秀《ひらてまさひで》です。

「そう式《しき》だというのに、そのかっこうはなんですか！　ただでさえ、悪《わる》くいわれているというのに！」

信長《のぶなが》は、あいかわらず、茶《ちゃ》せんまげ、ゆかたに半《はん》ばかま、こしにはあらなわをまき、*1火打《ひう》ち石《いし》、*2ひょうたんをぶらさげ、二本《ほん》の刀《かたな》をさすという、いつものかっこうであらわれたのでした。

「ふん。ちがうかっこうをしたら、死《し》んだ父上《ちちうえ》がびっくりするだろう。だから、これでいいんだ。それより、なんだ、こいつらは。」

「信行《のぶゆき》さまのご家来《けらい》しゅうでございます……。」

平手政秀《ひらてまさひで》は、申《もう》しわけなさそうにいいました。

「＊3長居《ながい》は無用《むよう》だな。だが、とりあえず焼香《しょうこう》だけはすませようか。」

そういって、信長《のぶなが》は、ずかずかと中央《ちゅうおう》の＊4祭壇《さいだん》までやってきました。

そして、片手《かたて》でむんずと香《こう》をつかむと、祭壇《さいだん》の父《ちち》の＊5位牌《いはい》に向《む》かって、

「ええいっ！」と、投《な》げつけたのです。

人《ひと》びとは、信長《のぶなが》のこのらんぼうな行《おこな》いに、口《くち》をぽかんと開《あ》け、あぜんとしています。信長《のぶなが》は、しばらくの間《あいだ》、父《ちち》の位牌《いはい》をじっと見《み》つめていましたが、やがて、くるりと＊6きびすを返《かえ》すと、ずかずかと音《おと》を立《た》ててそう式《しき》の会場《かいじょう》をあとにしました。信長《のぶなが》の馬《うま》が去《さ》っていく、ひづめの音《おと》だけが、参列《さんれつ》した人《ひと》びとの耳《みみ》にとどろいていました。

しばらくして、平手政秀《ひらてまさひで》は、林佐渡守《はやしさどのかみ》たち家老《かろう》によばれます。家《か》

＊1火打《ひう》ち石《いし》…火《ひ》をおこすための石《いし》。＊2ひょうたん…ウリ科《か》の植物《しょくぶつ》。果実《かじつ》は中身《なかみ》をくりぬいてかわかし、水《すい》とうとして使《つか》った。
＊3長居《ながい》…同《おな》じ所《ところ》に長《なが》くいること。＊4祭壇《さいだん》…ぎ式《しき》などを行《おこな》うための、だん。＊5位牌《いはい》…なくなった人《ひと》の戒名《かいみょう》や法名《ほうみょう》などを記《しる》した木《き》の札《ふだ》。＊6きびすを返《かえ》す…あともどりすること。引《ひ》きかえすこと。

老《ろう》たちは、本来《ほんらい》なら、信秀《のぶひで》なきあと、信長《のぶなが》につかえなければならない人《ひと》びとでした。ところが、かれらは、口《くち》ぐちに信長《のぶなが》の悪口《わるくち》をいいはじめたのです。

「そう式《しき》でよくわかっただろう。あんな礼《れい》ぎ知《し》らずのうつけ者《もの》が、わしらの上《うえ》に立《た》って、命令《めいれい》するなんてゆるせん」と、林佐渡守《はやしさどのかみ》がいいました。ほかの家老《かろう》も「そうだそうだ」とうなずきます。

けれど、平手《ひらて》は知《し》っていました。林《はやし》たちは、信長《のぶなが》があるじになれば、自分《じぶん》たちに、おいしい目《め》は回《まわ》ってこないことがわかっているのです。弟《おとうと》の信行《のぶゆき》が上《うえ》に立《た》てば、これまで信秀《のぶひで》が自由《じゆう》に使《つか》っていた金《かね》も、自分《じぶん》たちのものになると思《おも》っているのです。

「平手《ひらて》。信長《のぶなが》には、あとつぎから、はずれてもらおうじゃないか。」

「……おまえたち、それでも武《ぶ》士《し》か！」

平手政秀《ひらてまさひで》は、ほかの家老《かろう》たちがゆるせません。ところが、自《じ》分《ぶん》のむすこまでが、その家老《かろう》がわになってしまったのです。

「父上《ちちうえ》。これからは、信長《のぶなが》さまの時代《じだい》ではない。わたしたちも、信行《のぶゆき》さまのがわにつこうではありませぬか。」

「なんということを！　わたし

は、人生《じんせい》をかけて、信長《のぶなが》さまにつかえてきたのだぞ！」

信長《のぶなが》にていこうする勢力《せいりょく》との板《いた》ばさみになり、平手政秀《ひらてまさひで》は、たいへんなやみました。しかし、どうすることもできません。

「信長《のぶなが》さま……どうか、みなを見返《みかえ》す武将《ぶしょう》になってください！」

そう書《か》いた遺書《いしょ》をのこすと、平手政秀《ひらてまさひで》は、腹《はら》を切《き》って自殺《じさつ》してしまったのです。

信長《のぶなが》は、守《も》り役《やく》の平手政秀《ひらてまさひで》が死《し》んだことに、はげしいショックを受《う》けました。おいおいないて、なんでも教《おし》えてくれた守《も》り役《やく》をしのびました。ときには河原《かわら》で、水《みず》を足《あし》でけりあげると、「政秀《まさひで》、のどがかわいただろう、あの世《よ》でこの水《みず》を飲《の》め！」と、なきながらさけんだという話《はなし》がつたわっています。

そんな信長《のぶなが》をささえたのは、濃姫《のうひめ》でした。

「平手《ひらて》さまの死《し》を、むだにしてはなりません。あの方《かた》は、腹《はら》を切《き》ることで、殿《との》を守《まも》ったのです。」

「どうして、腹《はら》を切《き》ることが、おれを守《まも》ることになるんだ！　生《い》きて、おれを守《まも》ってくれるのが、守《も》り役《やく》のつとめだろうが！」

「平手《ひらて》さまは、父上《ちちうえ》がなくなったあとも、殿《との》を守《まも》っていたから、だれも手《て》を出《だ》せなかった。でも、その平手《ひらて》さまがいなくなった今《いま》、尾張《おわり》のおもだった武将《ぶしょう》は、死《し》んだ平手《ひらて》さまのように、すじを通《とお》して、信長《のぶなが》さまにちゅうぎ*をつくすべきか、それとも、自分《じぶん》のとくのために、林佐渡守《はやしさどのかみ》のがわについて、弟《おとうと》の信行《のぶゆき》さまを立《た》てるべきか、なやんでいます。」

*ちゅうぎをつくす…主人《しゅじん》に対《たい》して一生《いっしょう》けん命《めい》つくすこと。

「……ふむ。それで？」

「平手《ひらて》さまは、殿《との》にこういいたかったのではありませんか。今《いま》こそ、尾張《おわり》を一《ひと》つにまとめるときだ、と。殿《との》に反対《はんたい》する者《もの》とたたかい、尾張《おわり》のあるじになりなさい、と！」

「そうはいっても、まだまだおれの兵《へい》は少《すく》ない。やつらのほうが、はるかに人数《にんずう》が多《おお》いんだ。そんなにうまくはいかな

いよ。」

めずらしく信長《のぶなが》が弱音《よわね》をはきました。すると濃姫《のうひめ》はいいました。

「殿《との》のために、わたしも、一《ひと》つ、はたらいてみましょう。」

しばらくして、濃姫《のうひめ》の父《ちち》、美濃《みの》の斎藤道三《さいとうどうさん》から、信長《のぶなが》に会《あ》いたい、尾張《おわり》に行《い》く、という手紙《てがみ》がきました。「マムシ」とよばれた道三《どうさん》は、戦《いくさ》も強《つよ》く、ずるがしこいとひょうばんの武将《ぶしょう》でした。父《ちち》、信秀《のぶひで》も、何度《なんど》か道三《どうさん》の軍勢《ぐんぜい》とたたかい、さんざん負《ま》けて、にげかえったことがあります。濃姫《のうひめ》が信長《のぶなが》にとついでからは、美濃《みの》と尾張《おわり》の間《あいだ》はいちおう平和《へいわ》をたもっていましたが、いつまた、戦《いくさ》になるかもわかりません。わざわざ道三《どうさん》が信長《のぶなが》に会《あ》いに来《く》る、というのは、どういうことなのでしょう。

尾張《おわり》の人《ひと》びとは、何《なに》か悪《わる》いことの前《まえ》ぶれでなければいいが、と不《ふ》安《あん》におののいていました。

「きっと、マムシは、信長《のぶなが》の実力《じつりょく》をみきわめに来《く》るのだ。会《あ》って、信長《のぶなが》がほんもののうつけだとわかったら、あっというまに尾張《おわり》に攻《せ》めこんでくるにちがいない。」

「でも、信長《のぶなが》はほんもののうつけだろ？」

「ということは、もうすぐ、美濃《みの》と戦《いくさ》になる、ということなのか。*くわばら、くわばら。」

「さっさと、濃姫《のうひめ》を美濃《みの》に返《かえ》してしまえばいいんだ、そうすれば、攻《せ》めこまれるいわれもなくなるだろう。」

「それこそ道三《どうさん》の思《おも》うつぼだ。道三《どうさん》は、さっそく尾張《おわり》を攻《せ》めにくるよ。濃姫《のうひめ》だけは、手放《てばな》してはいけないさ。」

人《ひと》びとは、いろいろうわさをしていました。

そして、いよいよその日《ひ》になりました。

斎藤道三《さいとうどうさん》は、会見《かいけん》の場《ば》となる正徳寺《しょうとくじ》へ、美濃《みの》の軍勢《ぐんぜい》を引《ひ》きつれて向《む》かいます。とちゅうで、物《もの》おき小屋《ごや》を見《み》つけると、

「ちょうどよい。ここにかくれて、信長《のぶなが》がどんなやつか、見《み》てやろうではないか」と、軍勢《ぐんぜい》からはなれ、家来《けらい》を一人《ひとり》つれて、小屋《こや》に入《はい》りました。小《ちい》さなまどから、通《とお》る人《ひと》びとが見《み》えます。

「殿《との》、信長《のぶなが》の部隊《ぶたい》がやってまいりましたぞ！」

＊くわばら、くわばら…いやなことをさけようとしてとなえる、おまじないの言葉《ことば》。

「どれどれ。」

道三《どうさん》がこうし戸《ど》*1から外《そと》を見《み》ると、今《いま》しも、長《なが》い槍《やり》を持《も》った足軽隊《あしがるたい》*2が通《とお》るところでした。それも、かなりの人数《にんずう》です。

「なんという長《なが》い槍《やり》だ！　これでは、戦場《せんじょう》でろくなはたらきはできまい」

と、家来《けらい》があきれてさけびます。

戦国時代《せんごくじだい》、槍《やり》は短《みじか》いものでした。なのに、信長《のぶなが》の足軽隊《あしがるたい》ときたら、その三倍《ばい》ほどの長《なが》さの、赤《あか》くぬられた槍《やり》を高《たか》だかとかかげ、五人《にん》の列《れつ》がおよそ百以《い》

＊1こうし戸《ど》…細《ほそ》い木《き》などを、すきまをあけて組《く》んだ戸《と》。＊2足軽《あしがる》…一番《いちばん》身分《みぶん》が低《ひく》いさむらい。雑兵《ぞうひょう》。

上《じょう》、えんえんとつづいたのでした。

「すごい槍《やり》部《ぶ》隊《たい》ですな。八百ほどいるかもしれませぬ。」

「しかも、こいつらは、しっかり訓練《くんれん》されている……。」

道三《どうさん》はうなりました。長《なが》い槍《やり》は、持《も》つだけでもたいへんですが、兵《へい》たちは、列《れつ》をみださず行進《こうしん》し、えん道《どう》の人《ひと》びとがうっとり見入《みい》るほど、いさましく、強《つよ》そうに見《み》えました。

「殿《との》、いよいよ信長《のぶなが》ですっ！」

槍部隊《やりぶたい》のあとから、大将《たいしょう》の信長《のぶなが》が、馬《うま》にゆられてあらわれました。ところが、信長《のぶなが》ときたら、いつも尾張《おわり》で「うつけ」とよばれてバカにされている、そのまんまのかっこうでした。茶《ちゃ》せんまげ、かたはだをぬいだ着物《きもの》に、あらなわをこしにまいて、大小《だいしょう》の刀《かたな》をさし、ひょうたんをぶらさげ、毛皮《けがわ》のはかまから、むきだしの足《あし》がにょっきり。

「あれが、信長《のぶなが》です！　殿《との》！」

「ふん。しずかにしろ。まだ足軽《あしがる》が、つづいてやってくる。」

道三《どうさん》は、くいいるように信長《のぶなが》の部隊《ぶたい》を見《み》つめています。

信長《のぶなが》のあとから、鉄砲《てっぽう》をかたに、またしても数百人《すうひゃくにん》の行列《ぎょうれつ》がつづいたのです。

「鉄砲隊《てっぽうたい》と、弓隊《ゆみたい》のように思《おも》えますが……おお、さいしょは鉄砲隊《てっぽうたい》です！　げえっ。なんという人数《にんずう》だ！　殿《との》、五百人《にん》もいます！」

「鉄砲《てっぽう》が五百丁《ちょう》？　……ううむ。」

新《あたら》しいものずきな道三《どうさん》も、鉄砲《てっぽう》を買《か》っていましたが、ねだんが高《たか》いので、せいぜい数十丁《すうじゅっちょう》しかもっていません。鉄砲《てっぽう》は、弾《たま》をこめるのに時間《じかん》がかかるので、さいしょにいっせい射撃《しゃげき》*1をして、さっと引《ひ》く、いってみればけいきづけ*2のような武器《ぶき》だと考《かんが》えられていました。

ところが、信長《のぶなが》はそれを五百丁《ちょう》もそろえていたのです。

「あれなら、けいきづけどころか、二段《だん》、三段《だん》がまえの鉄砲隊《てっぽうたい》ができそうだな……。」

「まるで、新《あたら》しいおもちゃで遊《あそ》ぶ子《こ》どもみたいな男《おとこ》ですね」と家来《けらい》。

*1いっせい射撃《しゃげき》…大《おお》ぜいが同時《どうじ》に大砲《たいほう》や鉄砲《てっぽう》などをうつこと。　*2けいきづけ…いきおいや元気《げんき》をつけること。

あきれています。

「あんなもの、戦場《せんじょう》では役《やく》に立《た》たないとわかっているのに……。」

しかし、斎藤道三《さいとうどうさん》は、苦虫《にがむし》をかみつぶしたような顔《かお》でした。

「鉄砲《てっぽう》を……五百丁《ちょう》……」と、つぶやいています。

「では、殿《との》、そろそろ、お寺《てら》へまいりましょう。」

正徳寺《しょうとくじ》では、道三《どうさん》の家来《けらい》が、大広間《おおひろま》にずらりとならび、信長《のぶなが》との対面《たいめん》のときを待《ま》っています。道三《どうさん》も、*1上座《かみざ》で待《ま》ちました。

そこへ、目《め》にもあざやかな、*2絹《きぬ》の*3かみしもを着《き》た、りっぱなわかざむらいがあらわれました。道三《どうさん》の家来《けらい》が、どよめきます。

「の、信長《のぶなが》なのか。」

「まちがいない！」

＊1上座《かみざ》…位《くらい》が上《うえ》の人《ひと》がすわる席《せき》。＊2絹《きぬ》…カイコのまゆからとった布《ぬの》。＊3かみしも…和服《わふく》の上着《うわぎ》とはかま。

「ええっ。このかっこうは！」

なんと、信長《のぶなが》は、さっきまでの、ぼろぼろのかっこうをすっかりぬぎすて、新《あたら》しく、ごうかな服《ふく》に着《き》がえ、*1烏帽子《えぼし》をきちんとつけているではありませんか。のびっぱなしの髪《かみ》どころか、つややかにかがやく髪《かみ》は、こざっぱりして、整《ととの》った顔立《かおだ》ちは、じつにりりしいわかざむらいです。

*2侍女《じじょ》たちが、ほれぼれして見上《みあ》げています。信長《のぶなが》は、のっしのっしと、道三《どうさん》の目《め》の前《まえ》まで歩《ある》き、ぴたりと止《と》まりました。

「……。」

「……。」

しばらく、おたがいに何《なに》もいわず、じっとにらみあっています。

その時間《じかん》の長《なが》いこと。たまりかねて、道三《どうさん》の家来《けらい》が、いいました。

「こちらが、しゅうと*3、斎藤道三殿《さいとうどうさんどの》でございます。」

「……で、あるか（ふん、そうか）」と信長《のぶなが》はいいました。

「信長《のぶなが》でござる。以後《いご》、よしなに*4。」

「うむ。」道三《どうさん》は、うなずきました。

その顔《かお》は、満足《まんぞく》そうに、ほほえんでいました。けれど、家来《けらい》は、道三《どうさん》の気持《きも》ちに気《き》づきませんでした。

「信長《のぶなが》は、ほんもののうつけでございましたな」と、帰《かえ》り道《みち》に家来《けらい》の一人《ひとり》がいったとき、道三《どうさん》は、はきすてるようにいいました。

「そのうつけに、おまえたちがひざまずくことになるんだよ！」

＊1烏帽子《えぼし》…男《おとこ》の人《ひと》のかぶり物《もの》の一種《いっしゅ》。　＊2侍女《じじょ》…身分《みぶん》の高《たか》い人《ひと》につかえ、身《み》の回《まわ》りの世話《せわ》をする女《おんな》の人《ひと》。　＊3しゅうと…義理《ぎり》の父《ちち》。
＊4よしなに…よろしく。

四 おれたちは、尾張《おわり》をかえる！

美濃《みの》の斎藤道三《さいとうどうさん》との会見《かいけん》以来《いらい》、信長《のぶなが》は、うってかわり、城《しろ》のあるじにふさわしいかっこうをするようになりました。

しかし、たいへんなことばかりが起《お》きるのでした。

「まいったな……。今度《こんど》ばかりは。」

「めずらしいこともあるのね、殿《との》が弱音《よわね》をはくなんて。どうなさったの？」と、濃姫《のうひめ》。

「寺本城《てらもとじょう》が、うらぎった。大事《だいじ》な城《しろ》が、今川方《いまがわがた》になってしまった。それだけじゃない。今川《いまがわ》が、新《あたら》しいとりでをきずいた。村木《むらき》とり

でというんだが、おかげで味方《みかた》の城《しろ》が、とりのこされている。助《たす》けに行《い》きたい。だが、できない……。」

「なぜ、できないのですか。」

「今《いま》、おれの手元《てもと》にいる家来《けらい》は、わずか千人《にん》だ。そいつらを集《あつ》めて、今川《いまがわ》のとりでを攻《せ》めると、この那古野城《なごやじょう》が、からっぽになる。すると、清洲城《きよすじょう》のやつらが、おれの留守《るす》をねらって、那古野城《なごやじょう》に攻《せ》めてくる。かといって、千人《にん》を二《ふた》つにわったら、どっちも負《ま》けてしまう……。」

濃姫《のうひめ》はにっこりわらいました。

「なんのために、殿《との》は父《ちち》とお会《あ》いになったのです？」

「ん？」

「父《ちち》に、助《たす》けをもとめればいいではありませんか。」

「……おお！」

この案《あん》に、城《しろ》の家老《かろう》、林佐渡守《はやしさどのかみ》は大反対《だいはんたい》。「そんなことをすれば、マムシに、この城《しろ》を乗《の》っ取《と》られてしまうではありませんか！」

けれど、信長《のぶなが》は、心《こころ》を決《き》めていました。道三《どうさん》にえん軍《ぐん》をたのんだのです。すると、美濃《みの》から、千人《にん》のえん軍《ぐん》がやってきました。

「なんと、ありがたい！　たのみましたぞ。」

*

「どうぞ、ぞんぶんにたたかってください。城《しろ》は、われらが守《まも》ります。」

「こいつらに、城《しろ》をわたすなんて。だったらわたしは、この城《しろ》を出《で》ます!」

そういって、林佐渡守《はやしさどのかみ》は、清洲城《きよすじょう》に行《い》ってしまいました。この男《おとこ》は、今度《こんど》は清洲城《きよすじょう》の者《もの》たちの先頭《せんとう》にたって、那古野城《なごやじょう》を自分《じぶん》のものにするつもりだったのです。

しかし、信長《のぶなが》は、そんなことは気《き》にもせず、千人《にん》の兵《へい》をひきいて、

「行《い》くぞ!」と、さけびました。

あらしの中《なか》、全員《ぜんいん》を船《ふね》に乗《の》せ、知多半島《ちたはんとう》に上陸《じょうりく》すると、今川《いまがわ》の村木《むらき》とりでを攻《せ》めました。

*えん軍《ぐん》…おうえんの部隊《ぶたい》。

今川《いまがわ》の軍勢《ぐんぜい》は強《つよ》く、しっかりと守《まも》っています。信長《のぶなが》は、たくさんの鉄砲《てっぽう》を使《つか》いました。大将《たいしょう》の信長《のぶなが》自身《じしん》も、鉄砲《てっぽう》をとりかえては、うちつづけ、八時間《じかん》におよぶはげしいたたかいの

のち、ついに村木《むらき》とりでを攻《せ》めおとしました。

そのいきおいのまま、ねがえった[1]寺本城《てらもとじょう》にもおそいかかり、わずか、五日間《いつかかん》で那古野城《なごやじょう》にもどりました。

あまりの早《はや》さだったため、清洲城《きよすじょう》から那古野城《なごやじょう》をねらっていた者《もの》たちは、何《なに》もすることができませんでした。

信長《のぶなが》は、道三《どうさん》の家来《けらい》たちにいいました。

「おやじ殿《どの》に、よろしく伝《つた》えてくだされ。この信長《のぶなが》、いつか、かならず、この恩《おん》をお返《かえ》しします。」

「あなたさまの強《つよ》さ、[2]しかと殿《との》に伝《つた》えまする。」

そのあとも、あいかわらず、信長《のぶなが》は尾張《おわり》では敵《てき》も多《おお》かったのですが、少《すこ》しずつ、力《ちから》をつけていきました。

＊1ねがえる……うらぎる。＊2しかと……しっかりと。まちがいなく。

まもなく、信長《のぶなが》は、那古野城《なごやじょう》から、清洲城《きよすじょう》にうつります。

尾張《おわり》の中心《ちゅうしん》にある、この城《しろ》にうつることは、信長《のぶなが》がにくい織田家《おだけ》の人《ひと》たちにはおもしろくありません。かれらは信長《のぶなが》の弟《おとうと》、信行《のぶゆき》を中《ちゅう》心《しん》にまとまりはじめました。

織田弾正忠家《おだだんじょうのじょうけ》よりも、自分《じぶん》が、もっと上《うえ》の身分《みぶん》だとか、家《いえ》がらが上《うえ》だと思《おも》っている尾張《おわり》のほかの武将《ぶしょう》たちも、かんかんです。

「信長《のぶなが》め！」「清洲城《きよすじょう》に入《はい》るとは、ゆるせん！」「もう、こうなったら、あいつをころしてしまおうぞ」と、信長《のぶなが》の敵《てき》たちは、ますますいきりたつばかりでした。

一方《いっぽう》、清洲城《きよすじょう》のあるじとなった信長《のぶなが》は、才《さい》のうのある者《もの》を、身分《みぶん》の上下《じょうげ》にかかわらず、どんどんとりたてました。

信長《のぶなが》につかえる者《もの》は、仕事《しごと》をうまくこなせば、どんどん出世《しゅっせ》して、とりたてられるのがうれしくて、「信長《のぶなが》さまのためなら!」と、ますます*1身《み》を粉《こ》にしてはたらくのでした。

そんなとき、一人《ひとり》の男《おとこ》が、信長《のぶなが》の目《め》にとまりました。

ある寒《さむ》い朝《あさ》、信長《のぶなが》がぞうりをはくと、冷《つめ》たいはずのぞうりが、温《あたた》かいのです。

「ん?」信長《のぶなが》が足元《あしもと》を見《み》ると、ひざまずいている「*2ぞうりとり」の男《おとこ》がいました。あまり見《み》かけない男《おとこ》です。

「新《あたら》しいぞうりとりか。おまえ、おれのぞうりを、しりにしいていたな?」

*1身《み》を粉《こ》にして…くろうすることをいやがらず、一生《いっしょう》けん命《めい》するようす。　*2ぞうりとり…武家《ぶけ》などにつかえ、主人《しゅじん》のぞうりを持《も》って供《とも》をする者《もの》。

「*1めっそうもない！」男《おとこ》は顔《かお》を真《ま》っ赤《か》にして、首《くび》をふりました。

「わたしは、殿《との》さまのために、ふところにぞうりを入《い》れて、温《あたた》めていたのです！　ごらんください！」

そういって、男《おとこ》はぱっとむねをはだけました。なるほど、赤《あか》く、ぞうりのあとがついています。

「ふん。名前《なまえ》はなんという。」

「*2木下藤吉郎《きのしたとうきちろう》と申《もう》します。」

この男《おとこ》は、信長《のぶなが》が馬《うま》を走《はし》らせるときは、かならず馬《うま》といっしょに走《はし》り、信長《のぶなが》の日《ひ》ごろの生活《せいかつ》の世話《せわ》をしていましたが、とても気《き》がききました。信長《のぶなが》がぎもんに思《おも》ったことを口《くち》にすると、その場《ば》で、だれも思《おも》いつかないような答《こた》えを出《だ》しました。

信長《のぶなが》の家来《けらい》がまったく知《し》らない、人《ひと》びとのくらしのことも、じつによく知《し》っているのです。

ある日《ひ》、信長《のぶなが》と濃姫《のうひめ》がいっしょにいるときでした。濃姫《のうひめ》が、「信《のぶ》長《なが》さまは、今《いま》、尾張《おわり》の人《ひと》たちに、どんなふうに思《おも》われているの?」とたずねると、藤吉郎《とうきちろう》が、すかさず答《こた》えます。

「まだ、『うつけ』とよばれた殿《との》のイメージしかもっていないものがたくさんおります。ですから、お城《しろ》のへいをなおす人足《にんそく》*3が、な

*1めっそうもない…とんでもない。 *2木下藤吉郎《きのしたとうきちろう》…のちの豊臣秀吉《とよとみひでよし》。 *3人足《にんそく》…やとわれて仕事《しごと》をする人《ひと》。

まけるのです。」

「ああ、あの台風《たいふう》でこわれた、へいのことね。わたしも気《き》になっていました。だって、なかなか工事《こうじ》が終《お》わらないんですもの。」

「なまけているだと？　あのへいの修理《しゅうり》はむずかしく、あと二か月《げつ》かかると聞《き》いているぞ」と、信長《のぶなが》はいいました。

「あんな工事《こうじ》、二か月《げつ》もかかるわけがありません。」

「なに？　なら、藤吉郎《とうきちろう》。おまえが工事《こうじ》をやったら、どれくらいで完成《かんせい》させられるというんだ。」

「……まず、三日《みっか》もあれば。」

「いったな？」

信長《のぶなが》は、藤吉郎《とうきちろう》をその場《ば》で工事《こうじ》のせきにん者《しゃ》である「ふしん奉行《ぶぎょう》」

に、にん命《めい》しました。すると、藤吉郎《とうきちろう》は、さっそく人足《にんそく》を集《あつ》めます。そして、人足《にんそく》を十組《くみ》に分《わ》けると、へいの正確《せいかく》な*絵図面《えずめん》を見《み》せ、それぞれの分《ぶん》たんする場所《ばしょ》を決《き》めました。

「今日《きょう》は、休《やす》みだ。今《いま》から酒《さか》もりをしようじゃないか。だが明日《あす》からは、図面《ずめん》で決《き》めた、自分《じぶん》たちの分《ぶん》たんしているへいの修理《しゅうり》にかかってくれ。これは競争《きょうそう》だ。見事《みごと》に早《はや》くしあげた組《くみ》には、ほうびをやる。負《ま》けた組《くみ》は、全員《ぜんいん》くびだ。新《あたら》しい人足《にんそく》をやとう。じゃあ、ごちそうを出《だ》すから、待《ま》っていてくれ。」

ところが、これを聞《き》いた人足《にんそく》たちは、ごちそうどころか、みんな必死《ひっし》になってへいの修理《しゅうり》を始《はじ》めたのです。だれもねむらず、てつ夜《や》で仕事《しごと》に取《と》りくみました。そして……。

*絵図面《えずめん》…家《いえ》や庭《にわ》などの平面図《へいめんず》。

よく日《じつ》には、すべてのへいが、見事《みごと》に完成《かんせい》していました。

「なんと、ふしぎな男《おとこ》ですこと。」

と、濃姫《のうひめ》は感心《かんしん》していいました。

「おれの知《し》らないやつらと、うらでいろいろつきあいがあるらしい。」

「そうなのですか？　さむらいにしては、めずらしいですね。」

「おかしなやつらと、つきあってるんだ。*1夜盗《やとう》のかしらとか、

＊2川場《かわば》の人足《にんそく》とか、木曽川《きそがわ》のいかだ流《なが》しとか。」
農民出身《のうみんしゅっしん》だという藤吉郎《とうきちろう》は、さむらいのわくに、はまらない、自《じ》分《ぶん》だけの＊3ネットワークをもっていて、信長《のぶなが》をあれこれと助《たす》けました。

そんなとき、美濃《みの》の斎藤道三《さいとうどうさん》は、むすことたたかっていました。このむすこは、道三《どうさん》のほんとうの子《こ》ではなく、ひそかに「父《ちち》のかたき」と道三《どうさん》のことを思《おも》っていたのです。そして道三《どうさん》の二人《ふたり》の子《こ》をころし、道三《どうさん》を追《お》いつめました。知《し》らせを聞《き》いて、信長《のぶなが》は、ありったけの兵《へい》をひきいて道三《どうさん》を助《たす》けようとしましたが、とちゅうで、道《どう》三《さん》が死《し》んだことを聞《き》き、なきながら引《ひ》きかえしました。

「濃姫《のうひめ》、すまん！　おれは、おやじ殿《どの》を助《たす》けることができなかった……。」

＊1夜盗《やとう》…夜《よる》にぬすみをはたらく人《ひと》たち。　＊2川場《かわば》…川《かわ》のほとりにある、ふねが出《で》たり入《はい》ったりする所《ところ》。　＊3ネットワーク…人《ひと》とのつながり。

すると、濃姫《のうひめ》は、一通《つう》の手紙《てがみ》を信長《のぶなが》に手《て》わたしました。

「父《ちち》からの、最後《さいご》の手紙《てがみ》です。」

そこには、こう書《か》いてありました。

「あなたに、美濃《みの》をゆずります。受《う》けとってください。斎藤道三《さいとうどうさん》」

信長《のぶなが》は、くちびるをかみました。たった一度《いちど》しか会《あ》ったことがないのに、自分《じぶん》にとてもよくしてくれた、濃姫《のうひめ》の父《ちち》。それなのに、助《たす》けることができなかった……。

やがて、尾張《おわり》を二《ふた》つに分《わ》けた、戦《いくさ》が起《お》きます（稲生《いのう》のたたかい）。弟《おとうと》の信行《のぶゆき》をおしたてた、反信長軍《はんのぶながぐん》には、尾張《おわり》のおもだった武将《ぶしょう》が集《あつ》まり、その人数《にんずう》は、千七百。本来《ほんらい》のあるじである信長《のぶなが》につく者《もの》は、わずか七百しかいません。ところが、信長《のぶなが》は、その軍勢《ぐんぜい》で、向《む》かってくる敵《てき》をけちらしました。

信長軍《のぶながぐん》には、勇《ゆう》かんな家来《けらい》たちがいたのです。

数年前《すうねんまえ》、半分《はんぶん》はだかのかっこうで、信長《のぶなが》といっしょにすもうをとり、タカ狩《が》りをし、馬《うま》を乗《の》りまわし、川《かわ》にとびこんで泳《およ》いでいたわか者《もの》たちが、りっぱな武将《ぶしょう》となって、足軽《あしがる》をひきい、敵《てき》につっこんでいったのです。かれらは、どの武将《ぶしょう》よりも、ゆうかんでした。

槍《やり》の又左《またざ》、とよばれ、槍部隊《やりぶたい》を指《し》きしたのは、かつての犬千代《いぬちよ》。あとからつづく足軽部隊《あしがるぶたい》に命令《めいれい》する五郎左《ごろうざ》とは、かつての万千代《まんちよ》。

しかし、信長軍《のぶながぐん》がてこずったのは、なんといっても尾張一《おわりいち》のごう*けつといわれた、柴田勝家《しばたかついえ》でした。とにかく強《つよ》いのです。本人《ほんにん》だけでなく、勝家軍《かついえぐん》の兵《へい》も、よく訓練《くんれん》がされていて、信長《のぶなが》たちは、つけ

*ごうけつ…勇気《ゆうき》があり、力《ちから》の強《つよ》い人《ひと》。

いるすきがありません。戦《いくさ》は、信長軍《のぶながぐん》がしだいにおされていました。ですが、そこに、信長《のぶなが》があらわれたのです。同《おな》じ尾張《おわり》のさむらいどうし、みな、息《いき》をひそめました。

すると、信長《のぶなが》は、戦場《せんじょう》のすべての兵《へい》に聞《き》こえるほどの大声《おおごえ》でさけびました。

「こらあ、勝家《かついえ》！　おれが相手《あいて》だ！　勝負《しょうぶ》だ！」

すると、柴田勝家《しばたかついえ》も、ゆっくりとすがたをあらわしました。すかさず、信長《のぶなが》はいいました。

「どのつらをさげて、おれの前《まえ》に出《で》てきた！　尾張《おわり》が今《いま》、どんなことになっているのか、わかっているのか！　正《ただ》しいことが何《なに》か、わかっているのか！　悪者《わるもの》め、それでいいのか。なら、かかってこい！」

この信長《のぶなが》の言葉《ことば》に、柴田勝家《しばたかついえ》は思《おも》わず目《め》をふせました。

自分《じぶん》が、ほんとうに正《ただ》しいことをしているわけではないと、知《し》っていたからです。

「こんな、りくつの通《とお》らないことをするやつに、負《ま》けるものか！　おれたちは、尾張《おわり》をかえる！　みな、ついてこい！」

信長《のぶなが》の声《こえ》は、戦場《せんじょう》にひびきわたりました。

「かかれーっ！」

「おう！」

いっせいに進《すす》む信長軍《のぶながぐん》。勝家《かついえ》の軍勢《ぐんぜい》は、すでにたたかう気持《きも》ちをなくしていました。

こうして、勝家《かついえ》は、信長《のぶなが》にこうさんし、信長《のぶなが》は勝家《かついえ》をゆるします。

このち、尾張《おわり》は、ようやく信長《のぶなが》の元《もと》で、一《ひと》つになりました。

五

決戦《けっせん》、桶狭間《おけはざま》

ついに、今川軍《いまがわぐん》が動《うご》きました。

尾張《おわり》が、信長《のぶなが》の元《もと》にまとまったのを見《み》て、駿河《するが》の今川義元《いまがわよしもと》は、これ以上《いじょう》、信長《のぶなが》をのさばらせておくわけにはいかない、と思《おも》ったのです。大軍勢《だいぐんぜい》を集《あつ》め、三河《みかわ》から尾張《おわり》に攻《せ》めよせてきたのでした。

今川義元《いまがわよしもと》は、ゆたかな国力《こくりょく》をはいけいに、強大《きょうだい》な兵力《へいりょく》をもっています。攻《せ》めてきたのは、四万《まん》五千人《にん》。大軍《たいぐん》です。

これにくらべ、がんばって集《あつ》めても、尾張《おわり》はせいぜい三、四千の兵《へい》しかいません。あちこちの城《しろ》やとりでに兵《へい》をおけば、たたかえるのはせいぜい二千です。

人数《にんずう》が少《すく》ないのに、あっとう的《てき》な敵《てき》とたたかうには、城《しろ》にとじこもり、攻《せ》める敵《てき》がつかれ、向《む》こうの*1兵糧《ひょうろう》がつきるのを待《ま》つしかありません。

尾張《おわり》の武将《ぶしょう》たちは、清洲城《きよすじょう》で、会議《かいぎ》を開《ひら》きました。

しかし、信長《のぶなが》は何《なに》もいいません。武将《ぶしょう》たちはいいました。

「ここはやはり、この城《しろ》にとじこもりましょう。」

すると、信長《のぶなが》は、ひややかな目《め》で武将《ぶしょう》たちを見《み》つめます。

「それで勝《か》てるのか？」

武将《ぶしょう》たちはおどろきました。今《いま》川《がわ》をたおすつもりなのでしょうか。

「ではどうなさるおつもりか！」

「やつらはすぐそこまでやってきています。下知《げち》（命令《めいれい》）をねがいます。」

家来《けらい》がそういってつめよると、

「みな、今夜《こんや》は帰《かえ》れ！」

そういって、信長《のぶなが》は口《くち》を＊2真一文《まいちもん》字《じ》にむすびました。

「いったい、殿《との》は、どう考《かんが》えておられるんだ。」

「城《しろ》にこもってたたかうしかない

＊1兵糧《ひょうろう》…軍《ぐん》の食料《しょくりょう》。　＊2真一文字《まいちもんじ》…「一《いち》」の字《じ》のようにまっすぐなようす。

はずだが……。」

「なら、そのじゅんびをしないと。」

みな、不安《ふあん》そうに帰《かえ》ります。

しかし、数人《すうにん》の家来《けらい》は、うなずいていました。日《ひ》ごろから信長《のぶなが》のそばにいる者《もの》だけは、あるじの考《かんが》えがわかるのです。

「敵《てき》をあざむくには、まず味方《みかた》から、だ。織田《おだ》の武将《ぶしょう》の中《なか》に、敵《てき》と通《つう》じている者《もの》がいるかもしれない。」

信長《のぶなが》の親《しん》えい隊《たい》は、家《いえ》には帰《かえ》らず、そのまま城《しろ》にとまりました。

みな、なかなかねつけません。横《よこ》になると、今川《いまがわ》の大軍《たいぐん》がおしよせてくる音《おと》が聞《き》こえるような気《き》がするのです。

一五六〇年《ねん》五月《がつ》十九日《にちあさ》朝。

空《そら》がしらじらと明《あ》けるころ、[*1]早馬《はやうま》が城《しろ》の門《もん》をくぐりました。

「丸根《まるね》とりでと、鷲津《わしづ》とりでに、今川《いまがわ》が攻《こう》げきを開始《かいし》しました！」

早馬《はやうま》の兵士《へいし》が、息《いき》を切《き》らせながら、しん室《しつ》の外《そと》で報告《ほうこく》します。二《ふた》つのとりでは、織田軍《おだぐん》の最前線基地《さいぜんせんきち》。少《すく》ない人数《にんずう》で守《まも》っています。

「ご苦労《くろう》。」

信長《のぶなが》は、目《め》がさめていたようです。ふとんをめくる音《おと》も立《た》てず、すっくと立《た》ちあがり、そのまま家来《けらい》が[*2]いならぶ大広間《おおひろま》にやってきました。

家来《けらい》は目《め》を見《み》はりました。信長《のぶなが》は、戦《いくさ》のかっこうではなく、きらびやかな[*3]ぬい取《と》りをした絹《きぬ》の衣《い》しょうであらわれたのです。

「殿《との》、おしたくを。」

「うむ。だがまずは、心《こころ》のしたくだ。」

＊1早馬《はやうま》…急《いそ》ぎの知《し》らせをつたえる人《ひと》。　＊2いならぶ…ならんですわる。　＊3ぬい取《と》り…ししゅう。

信長《のぶなが》はビシッとおうぎを開《ひら》きました。

「イヨオ〜ッ！」声《こえ》が部屋《へや》じゅうにとどろきます。信長《のぶなが》は、うたいながら、舞《ま》いはじめたのです。

人間《にんげん》五十年《ねん》
下天《げてん》のうちをくらぶれば
ゆめまぼろしのごとくなり

（人間《にんげん》の一生《いっしょう》はせいぜい五十年《ねん》くらいのものだ。神《かみ》がみの住《す》む天上界《てんじょうかい》にくらべると、一《いっ》しゅんのまぼろしにすぎない。）

その声《こえ》は大広間《おおひろま》にいた家来《けらい》たちのむねにしみこんでいきます。

ひとたび生《しょう》をえて　めっせぬ者《もの》のあるべきか

（一度《いちど》この世《よ》に生《う》まれた者《もの》は、すべてみな死《し》ぬのだ。）

＊1平家《へいけ》のめつぼうをえがいた、『敦盛《あつもり》』という舞《まい》です。信長《のぶなが》は、これを三度《ど》うたい、舞《ま》いました。信長《のぶなが》の＊2気《き》はくが、氷《こおり》のようにとぎすまされて、あたりにみちていきます。

やがて家来《けらい》たちは、はっと自分《じぶん》を取《と》りもどしました。

「短《みじか》い人生《じんせい》、何《なに》をまようことがあろう。」

「そうだ、信長《のぶなが》さまといっしょなら、くいはない！」

舞《ま》いおわると信長《のぶなが》は、

「＊3甲冑《かっちゅう》をつけよ！　＊4湯《ゆ》づけを持《も》て！」と命《めい》じました。

家来《けらい》に甲冑《かっちゅう》をつけさせながら、立《た》ったままで湯《ゆ》づけをかきこみます。そのすがたはあらあらしく、戦《いくさ》の神《かみ》のようです。

ずっとそのようすを見《み》ていた濃姫《のうひめ》がいいました。

「くやしゅうございます。わたしも、いっしょにたたかいたいのに。」

「いつも、おまえをつれて、たたかっている。おれのここに」と、信長《のぶなが》は自分《じぶん》のむねをたたきました。濃姫《のうひめ》は、ほほえみました。

「では、こたび*5も、ごいっしょいたします。」

甲冑《かっちゅう》をつけた信長《のぶなが》は、「馬《うま》を引《ひ》け！ ほら貝《がい》*6をふけ！」とさけびました。

清洲《きよす》の城《しろ》にブオー、ブオーと、たたかいのほら貝《がい》が鳴《な》りひびき、信長《のぶなが》はさっそうと愛馬《あいば》にまたがります。

「おれにつづけ！」とさけんで、ピシッと馬《うま》に一《ひと》むち当《あ》てると、城《しろ》の外《そと》へと走《はし》りだしました。

＊1平家《へいけ》…平安時代《へいあんじだい》の終《お》わりにはんえいした一族《いちぞく》。「平氏《へいし》」ともいい、「源氏《げんじ》」という一族《いちぞく》にほろぼされた。＊2気《き》はく…強《つよ》い意気《いき》ごみ。＊3甲冑《かっちゅう》…よろいかぶと。＊4湯《ゆ》づけ…ごはんをお湯《ゆ》にひたしたもの。＊5こたび…このたび。今回《こんかい》。＊6ほら貝《がい》…大《おお》きなまき貝《がい》でつくった道具《どうぐ》。たたかいの合図《あいず》にふきならしたりした。

「と、殿《との》！」

「しばらくお待《ま》ちを！」

家来《けらい》が口《くち》ぐちにいっているうちに、パカッパカッパカッ……。

信長《のぶなが》の馬《うま》がみるみる遠《とお》くに去《さ》っていきます。

「と、とにかく、殿《との》のあとを追《お》うのだっ！」

「しかし、じゅんびが。」

「そんなものはどうでもよいっ！」

「殿《との》～っ！」

とるものもとりあえず、五人《にん》の家来《けらい》が馬《うま》にとびのり、信長《のぶなが》を追《お》いかけます。そのあとから、槍《やり》をかかえた足軽《あしがる》がガシャガシャとよろいの音《おと》を立《た》てて走《はし》っていきました。

信長《のぶなが》は、後《うし》ろのようすをふりかえると、さらに馬《うま》を進《すす》めます。行《い》く先《さき》は、清洲城《きよすじょう》の南東《なんとう》にある熱田神宮《あつたじんぐう》でした。

「信長《のぶなが》さまが城《しろ》を出《で》られたぞ！」

「ただ一騎《き》で、熱田神宮《あつたじんぐう》に向《む》かわれた！」

「あとを追《お》わぬ者《もの》は織田《おだ》の家来《けらい》ではない！」

「今《いま》すぐ武器《ぶき》をとって殿《との》のあとにつづけ！」

「行《い》け〜!!」

熱田神宮《あつたじんぐう》に向《む》かう道《みち》は、信長《のぶなが》を追《お》う家来《けらい》でいっぱいです。おくれて着《つ》いた者《もの》が神宮《じんぐう》に入《はい》ると、しずかないのりがささげられていました。神殿《しんでん》のおくのほうで「キエエーッ！」と鳥《とり》の声《こえ》がしました。

「*吉兆《きっちょう》でございます！　神《かみ》にいのりが通《つう》じました！　わが軍《ぐん》の勝利《しょうり》です！」と神官《しんかん》がいうと、兵《へい》は、「ウォーッ！」とよろこびの声《こえ》を上《あ》げました。

ぞくぞくと兵《へい》がかけつけ、神宮《じんぐう》の広場《ひろば》は、よろいかぶとを身《み》にまとった軍勢《ぐんぜい》でうめつくされます。その数《かず》は、二千にたっしました。

「よし」と信長《のぶなが》はうなずきました。

「鷲津《わしづ》と丸根《まるね》のとりでが、もえている。だが、かれらの死《し》をむだにはせぬ。これより、今川義元《いまがわよしもと》の首《くび》をねらう！」

みな、刀《かたな》や槍《やり》を高《たか》くかかげ「エイ、エイ、オー！」とさけびます。

二千の軍勢《ぐんぜい》は、一頭《とう》のりゅうのように動《うご》きだしました。今川軍《いまがわぐん》との最前線《さいぜんせん》、南《みなみ》の丘《おか》へ向《む》かうのです。信長軍《のぶながぐん》は、善照寺《ぜんしょうじ》とりでで、味《み》方《かた》と合流《ごうりゅう》しました。

このとき、今川義元《いまがわよしもと》の大軍勢《だいぐんぜい》はゆっくり、尾張《おわり》の平野《へいや》を進《すす》んでいます。そこへ、二《ふた》つのとりでを今川軍《いまがわぐん》が攻《せ》めおとしたという知《し》らせが、義元《よしもと》の元《もと》に入《はい》りました。この今川軍《いまがわぐん》というのは、じつは、かつて竹千代《たけちよ》という名《な》で織田家《おだけ》に人質《ひとじち》になっていた、三河《みかわ》の松平元康《まつだいらもとやす》の軍勢《ぐんぜい》でした。

「よくやったぞ、元康《もとやす》。」

＊吉兆《きっちょう》…よいことが起《お》こるしるし。

義元《よしもと》の元《もと》へ、さらに、*吉報《きっぽう》がまいこみます。

「先《さき》ほど、尾張勢《おわりぜい》三百をむかえうち、追《お》いかえしました。」

「なんと、まあ、信長《のぶなが》の弱《よわ》いことよ」と、義元《よしもと》はわらいました。

善照寺《ぜんしょうじ》とりでに、信長《のぶなが》の本隊《ほんたい》二千が入《はい》ったことで勇気《ゆうき》づけられた者《もの》が、勝手《かって》につっこみ、義《よし》元《もと》の親《しん》えい隊《たい》にけちらされたのです。その中《なか》に、かつての犬千《いぬち》

代《よ》がいました。今《いま》は前田利家《まえだとしいえ》と名乗《なの》る、りっぱな武将《ぶしょう》です。かれらは、信長《のぶなが》にしかられました。

「この大事《だいじ》なときに、何《なに》を勝手《かって》なことをしている。犬千代《いぬちよ》は、すぐに本隊《ほんたい》に入《はい》り、槍部隊《やりぶたい》を指《し》きしろ！」

「はっ！　申《もう》しわけありませぬ！」

信長《のぶなが》は全軍《ぜんぐん》にさけびました。

「やつらは、つかれている。おれたちは、元気《げんき》いっぱいだ。いいか、ねらうは、今川義元《いまがわよしもと》の首一《くびひと》つ！　あとは、けちらせ！　日本をかえるのは、おれたちだ！」

「おう！」

＊吉報《きっぽう》……よい知《し》らせ。

そのころ、今川義元《いまがわよしもと》は上《じょう》きげんでした。

「わはははは。予定《よてい》どおりうまくいっている。だが腹《はら》がへったな。」

「この先《さき》の山《やま》あいで、地元《じもと》の村人《むらびと》が、酒《さけ》*1や肴《さかな》を用意《ようい》して義元《よしもと》さまをお待《ま》ちしております。義元《よしもと》さまの人気《にんき》は絶大《ぜつだい》です。」

「おお、そこは、なんというところだ。」

「桶狭間《おけはざま》でございます。」

「よし、そこで昼飯《ひるめし》にしよう。」

そのあたりは、ひくい丘《おか》がつづき、山《やま》ぞいの道《みち》のかたがわにはせまい田《た》んぼがつづいているところで、大軍《たいぐん》が休《やす》むにはてきしていません。そもそも、こんなせまい場所《ばしょ》で敵《てき》に攻《せ》められては、いくら軍《ぐん》勢《ぜい》が多《おお》くてもあまり役《やく》に立《た》たないのです。

「善照寺《ぜんしょうじ》とりでに、信長軍《のぶながぐん》の＊2先《せん》ぽうが入《はい》ったようです。」

「おお、そうか。昼飯《ひるめし》のあとで、けちらしてくれようぞ。」

それが先《せん》ぽう隊《たい》ではなく、信長《のぶなが》の本隊《ほんたい》であることを、義元《よしもと》は知《し》りませんでした。尾張《おわり》の軍勢《ぐんぜい》はやっかいな敵《てき》ですが、その大将《たいしょう》である信長《のぶなが》はうつけだというひょうばんを信《しん》じて、たかをくくっていたのです。

信長軍《のぶながぐん》では、このあたりの領地《りょうち》をもっている家来《けらい》が、部下《ぶか》に＊3百姓《ひゃくしょう》の服《ふく》を着《き》せて、命令《めいれい》していました。

「よいか。村人《むらびと》にばけて、今川軍《いまがわぐん》のようすを知《し》らせるのだ。それからな、やつらを、ゆだんさせるために、やってほしいことがある

＊1肴《さかな》…酒《さけ》を飲《の》むときに食《た》べる物《もの》。　＊2先《せん》ぽう…部隊《ぶたい》の先頭《せんとう》に立《た》って進《すす》む人《ひと》たち。　＊3百姓《ひゃくしょう》…農民《のうみん》。

……。」

それが酒《さけ》や肴《さかな》など、桶狭間《おけはざま》での義元《よしもと》へのみつぎ物《もの》でした。

昼前《ひるまえ》に、百姓《ひゃくしょう》にばけた兵《へい》が信長《のぶなが》の元《もと》へ報告《ほうこく》に来《き》ます。

「敵《てき》は、たった今《いま》、桶狭間《おけはざま》に入《はい》り、昼飯《ひるめし》をとっております！」

信長《のぶなが》は、にやりとわらいました。

「全軍《ぜんぐん》、これより桶狭間《おけはざま》に向《む》かう！」

二千の軍勢《ぐんぜい》が、山《やま》ぎわの細《ほそ》い道《みち》をひたひたとはうように進《すす》みます。

「こっちです！」と、地元《じもと》の兵《へい》が案内《あんない》し、信長軍《のぶながぐん》は道《みち》からそれて、丘《おか》を登《のぼ》ります。信長《のぶなが》が登《のぼ》りきると、丘《おか》の下《した》にはおどろくべき光景《こうけい》が広《ひろ》がっていました。

なんと、目《め》の前《まえ》のくぼ地《ち》に、今《いま》川《がわ》のはたが何《なん》百本《ぽん》もひるがえっているのです。そこでは、兵《へい》たちがのんびり食事《しょくじ》をしていました。

さらに向《む》こうの丘《おか》には、*1まんまくがはられています。そこが、義《よし》元《もと》の*2本陣《ほんじん》のようでした。

「いたぞ！　今川軍《いまがわぐん》だ！」

「まだあとの軍勢《ぐんぜい》が来《き》ていない！　丘《おか》の上《うえ》に登《のぼ》りきってから、いっせいに攻《こう》げきをかけるぞ！」

*1まんまく…軍《ぐん》の大将《たいしょう》のまわりなどに、はりめぐらしたまく。
*2本陣《ほんじん》…軍《ぐん》の大将《たいしょう》がいる所《ところ》。

けれど、こんな山《やま》の中《なか》で、馬《うま》のいななきやひづめの音《おと》がしたら、あっというまに敵《てき》に見《み》つかってしまいます。

「しずかに！　気《き》づかれてしまう！」「そんなこと言《い》ったって……。」

「よろいの音《おと》をなんとかしろ！」「馬《うま》を、いなかせるな！」

そのときでした。

ザアアアアッ……！

にわかに空《そら》がくもり、あたりが暗《くら》くなると、ものすごい雨《あめ》がふってきたのです。目《め》の前《まえ》も見《み》えないほどの大雨《おおあめ》でした。

「ひじ笠雨《かさあめ》だ！」

横《よこ》なぐりの、たきのような雨《あめ》。ひじを笠《かさ》の代《か》わりにしなければならないほどの、急《きゅう》ではげしい雨《あめ》でした。しかも、その雨《あめ》は、信長軍《のぶながぐん》の後《うし》ろからたたきつけるようにふっているのです。これなら、今川《いまがわ》軍《ぐん》は、こちら向《む》きに見《み》ることができません。

「天《てん》の助《たす》け！」

雨《あめ》の音《おと》で、ガチャガチャというよろいの音《おと》、馬《うま》のいななきがかき消《け》されます。信長軍《のぶながぐん》は、雨《あめ》の中《なか》で全軍《ぜんぐん》がそろいました。

「かかれーっ！」

信長《のぶなが》がさけぶと、織田《おだ》の軍勢《ぐんぜい》は一気《いっき》に丘《おか》の下《した》にかけおりました。

「うわっ！　なんだこいつらは！」

「信長《のぶなが》が攻《せ》めてきた!!」

今川軍《いまがわぐん》は悲鳴《ひめい》を上《あ》げてにげまどいます。

織田《おだ》の軍勢《ぐんぜい》は丘《おか》の上《うえ》から次《つぎ》つぎにおそいかかります。

「われこそは、今川義元《いまがわよしもと》の家来《けらい》で、その昔《むかし》、源義家《みなもとのよしいえ》につかえし……。」と、戦《いくさ》のしきたりにしたがって、今川軍《いまがわぐん》の武将《ぶしょう》が名乗《なの》ろうとしたとたん「ええいっ！」と、兵《へい》が槍《やり》をつきさします。信長《のぶなが》は、「名乗《なの》りなどしなくてよい！　いちいち首《くび》もとるな！　とにかく敵《てき》をたおせ！」と命令《めいれい》していたのです。敵《てき》を一人《ひとり》たおすと、その敵《てき》の武将《ぶしょう》の首《くび》をきり、いちいち持《も》って戦《いくさ》をする、というのが当時《とうじ》のたたかい方《かた》でしたが、そのしきたりも信長軍《のぶながぐん》は無視《むし》したのでした。

ただひたすら、おそいかかり、たおす。それだけです。

それでも、名高《なだか》い今川義元《いまがわよしもと》の親《しん》えい隊《たい》は、さっと陣《じん》を組《く》み、おそいかかる信長軍《のぶながぐん》に立《た》ちむかいました。足軽《あしがる》などでは歯《は》が立《た》たない、武芸《ぶげい》にひいでた、＊つわものたちです。そこへ、槍《やり》の又左《またざ》こと、前田《まえだ》

＊つわもの…とても強《つよ》い兵士《へいし》。

利家《としいえ》があらわれ、足軽隊《あしがるたい》をまとめます。

「なんのための、日《ひ》ごろのけいこだ！　おまえたちのうでを見《み》せてやれ！」

長槍《ながやり》を持《も》った足軽《あしがる》が百人《にん》ほど、さっとならんで、又左《またざ》のかけ声《ごえ》で、いっせいに長槍《ながやり》を前《まえ》にたおします。

「えい！」「おう！」「えい！」「おう！」

まるで、一頭《とう》の、首《くび》の長《なが》い赤《あか》いりゅうが進《すす》んでいくような、長槍《ながやり》部隊《ぶたい》でした。今川義元《いまがわよしもと》のまわりをかこんでいた武士《ぶし》は、この部隊《ぶたい》から、にげまわります。つけいるすきがないのです。赤《あか》いりゅうに、向《む》かう兵《へい》が次《つぎ》つぎにたおれていきます。

「やむをえぬ……たいきゃくだ」と、義元《よしもと》が決《けつ》だんしたときでした。

今度《こんど》は信長《のぶなが》の親《しん》えい隊《たい》の者《もの》たちが「見《み》つけたぞ！　義元《よしもと》！」と、おそいかかりました。

「おのれ！　かかってこい！」と、義元《よしもと》は一歩《いっぽ》もひるまず、立《た》ちむかいます。しかし、やがて一本《ぽん》の槍《やり》が義元《よしもと》の体《からだ》をつらぬき、今川《いまがわ》の総大将《そうだいしょう》は、どうとその場《ば》にたおれてしまいました。

「やったぞ！」「今川義元《いまがわよしもと》の首《くび》をとったぞ！」

その声《こえ》は戦場《せんじょう》にこだまし、あちこちで勇《ゆう》かんにたたかっていた、今川軍《いまがわぐん》の兵《へい》はそれを聞《き》いて、

「ええっ！」「そ、そんな……」と、一気《いっき》にひるんでしまいました。

……それから数時間後《すうじかんご》、四万《まん》の今川軍《いまがわぐん》はちりぢりになって、にげていきました。今川《いまがわ》の死者《ししゃ》は、三千以上《いじょう》でした。

六

天下《てんか》を武《ぶ》によってしたがえる

わずか二千の兵《へい》で四万《まん》五千の今川軍《いまがわぐん》をやぶった信長《のぶなが》は、全国《ぜんこく》にその名《な》をとどろかせました。

元康《もとやす》は、ついに今川《いまがわ》から＊独立《どくりつ》し、家康《いえやす》と名乗《なの》って三河《みかわ》を支配《しはい》します。信長《のぶなが》は、家康《いえやす》にふたたび会《あ》い、ここに三河《みかわ》と尾張《おわり》は、かたい同盟《どうめい》をむすぶことになり、尾張《おわり》は、東《ひがし》に味方《みかた》ができました。それから、信長《のぶなが》は、美濃《みの》の国《くに》を、攻《せ》めます。美濃《みの》の兵《へい》は強《つよ》く、尾張《おわり》の軍勢《ぐんぜい》は苦《く》戦《せん》しますが、木下藤吉郎《きのしたとうきちろう》が活《かつ》やくし、桶狭間《おけはざま》のたたかいから七年後《ねんご》、信長《のぶなが》はついに美濃《みの》の国《くに》を手《て》に入《い》れました。

＊独立《どくりつ》…ほかの人《ひと》に支配《しはい》されないで、ひとりだちすること。

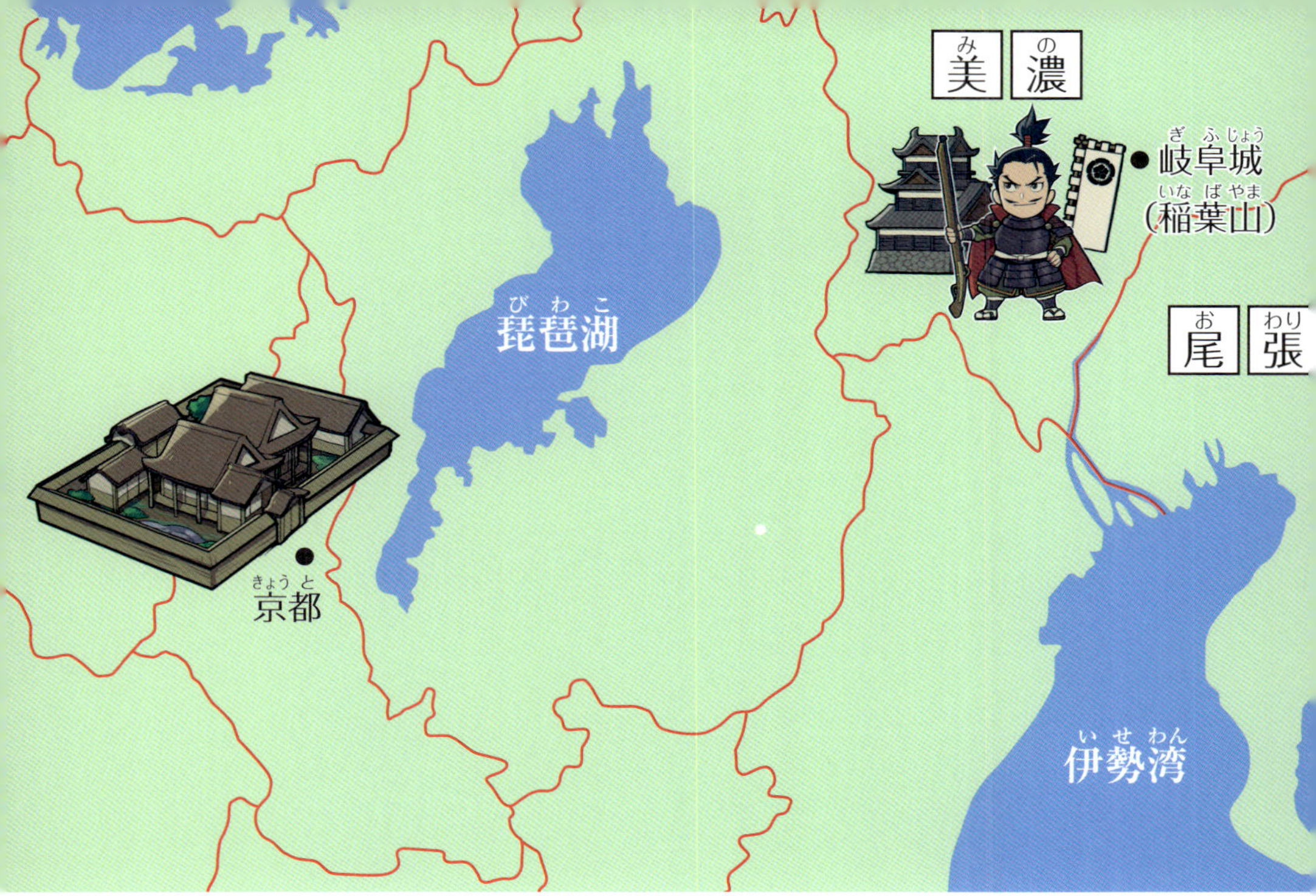

斎藤道三《さいとうどうさん》がいた稲葉山城《いなばやまじょう》に、濃《のう》姫《ひめ》とともにうつり住《す》み、「岐阜城《ぎふじょう》」と名《な》づけます。やっと、濃姫《のうひめ》の父《ちち》のかたきうちができたというわけでした。

ここから信長《のぶなが》は、岐阜城《ぎふじょう》をねじろに都《みやこ》の京都《きょうと》を見《み》すえ、いよいよ天下《てんか》をとるためのたたかいを始《はじ》めます。

まわりには、戦国大名《せんごくだいみょう》が、強力《きょうりょく》な軍勢《ぐんぜい》をひきいて、ひしめいてい

ました。とくに信長《のぶなが》がおそれたのは、武田信玄《たけだしんげん》です。*1甲斐《かい》の武田信玄《たけだしんげん》は、ゆうもうな*2騎馬軍団《きばぐんだん》をもっていました。

やがて、その強力《きょうりょく》な軍団《ぐんだん》が動《うご》き、京都《きょうと》にのぼろうとします。もちろん、そのとちゅうで、尾張《おわり》の信長《のぶなが》をやっつけようとしているのです。

このとき、わかき家康《いえやす》は、「いくら武田《たけだ》が強《つよ》くても、おれの領地《りょうち》を、むざむざと通《とお》らせるものか！」と、ありったけの軍勢《ぐんぜい》をひきいて、信玄《しんげん》におそいかかりました（三方ケ原《みかたがはら》のたたかい）。ざんねんながら、さんざんに負《ま》けてしまいましたが、そのゆうかんなたたかいぶりは、人《ひと》びとの心《こころ》をとらえます。そして武田軍《たけだぐん》は、とつぜん引《ひ》きかえします。信玄《しんげん》がなくなってしまったのでした。

一方《いっぽう》、信長《のぶなが》は、自分《じぶん》の領地《りょうち》で、着《ちゃく》ちゃくと、新《あたら》しい政治《せいじ》を進《すす》めていきました。

まず、各地《かくち》の関所《せきしょ》＊3を取《と》りはらい、交通《こうつう》を自由《じゆう》にしました。関所《せきしょ》では、通《とお》る人《ひと》びとからお金《かね》を取《と》っていたのですが、このことで、通行《つうこう》が自由《じゆう》にできるようになりました。

また、「楽市楽座《らくいちらくざ》」という制度《せいど》をしき、これまで一部《いちぶ》の商人《しょうにん》がひとりじめしていた商売《しょうばい》を、だれでもできるようにします。

悪《わる》いことをすると、それがどんななつみでも、ゆるしませんでした。なので、信長《のぶなが》の支配《しはい》した地《ち》いきでは、はんざいが起《お》きなくなったということですが、一文《もん》＊4ぬすんだだけでも、死刑《しけい》にされるのでした。

岐阜城《ぎふじょう》にうつったころから、信長《のぶなが》は、「天下布武《てんかふぶ》」という言葉《ことば》を、

＊1甲斐《かい》…今《いま》の山梨県《やまなしけん》の旧国名《きゅうこくめい》。＊2騎馬《きば》…馬《うま》に乗《の》っていること、あるいは乗《の》っている人《ひと》。＊3関所《せきしょ》…通行人《つうこうにん》やにもつを調《しら》べたり、通行料《つうこうりょう》を取《と》ったりした所《ところ》。＊4文《もん》…昔《むかし》のお金《かね》の単位《たんい》。一文《もん》は今《いま》の三十円《えん》くらい。

使《つか》いはじめます。武《ぶ》、つまり軍事力《ぐんじりょく》によって、天下《てんか》をしたがえる、という意味《いみ》ですが、ここに、信長《のぶなが》の考《かんが》えがあります。信長《のぶなが》は、ふつうの人《ひと》びと、すなわち農民《のうみん》や商人《しょうにん》を、武士《ぶし》だけが、支配《しはい》する世《よ》の中《なか》をうちたてようとしたのでした。

そのころ、ひとりの男《おとこ》が、信長《のぶなが》の元《もと》につかえるようになります。ひたいの広《ひろ》い、かしこそうな男《おとこ》でした。

「明智光秀《あけちみつひで》といいます。昔《むかし》は、斎藤道三《さいとうどうさん》につかえておりました。」

光秀《みつひで》は、道三《どうさん》が死《し》んだあと、落《お》ちぶれていた足利将軍家《あしかがしょうぐんけ》の、義昭《よしあき》につかえていました。

「ふむ。将軍家《しょうぐんけ》につかえていただけあって、京都《きょうと》の公家《くげ》や、天皇家《てんのうけ》

とも、うまくやれそうだな。美濃《みの》の生《う》まれか。濃姫《のうひめ》を知《し》っているか。」

「知《し》ってるも何《なに》も、姫《ひめ》は、わたしのいとこです。」

「なんと！」

濃姫《のうひめ》は、光秀《みつひで》に向《む》かって、にこりとわらいかけました。

「おなつかしゅうございます。」

と、光秀《みつひで》がいいました。

信長《のぶなが》は、するどい目《め》で、光秀《みつひで》

を見《み》ます。

この光秀《みつひで》の力《ちから》ぞえにより、信長《のぶなが》は足利義昭《あしかがよしあき》をもりたてて、京都《きょうと》にのぼり、義昭《よしあき》は将軍《しょうぐん》になりました。

あるとき、信長《のぶなが》は光秀《みつひで》にたずねます。

「おまえは、なぜ、おれにつかえようとするのだ。」

「殿《との》の理想《りそう》が、すばらしいからです」と光秀《みつひで》がいいます。

「おれの理想《りそう》？」

「この、戦国《せんごく》の世《よ》を終《お》わらせて、平和《へいわ》な世《よ》にするという理想《りそう》です。」

「ふん、そんなことか」と、信長《のぶなが》は鼻《はな》でわらいました。

「天下布武《てんかふぶ》とは、そういう意味《いみ》ではないのですか。」

「平和《へいわ》ではない。日本をかえることが、おれの理想《りそう》だ。」

「はあ？」

光秀《みつひで》は、首《くび》をかしげました。


信長《のぶなが》がかえようとしたのは、人《ひと》の考《かんが》え方《かた》でした。今《いま》のわたしたちには、なかなか理解《りかい》できませんが、この時代《じだい》の人《ひと》びとは、病気《びょうき》をなおすのも、おいのりで解決《かいけつ》しようとしていました。＊1信《しん》こうは、この時代《じだい》のくらしに深《ふか》く根《ね》づいていたのです。信《しん》こうこそが、人《ひと》びとの考《かんが》えや、感《かん》じ方《かた》をささえていました。どんなに日《ひ》びの生活《せいかつ》が苦《くる》しくても、いや、苦《くる》しければ苦《くる》しいだけ、人《ひと》びとは神《かみ》や仏《ほとけ》を信《しん》じました。

多《おお》くの農民《のうみん》たちが信《しん》じる＊2一向宗《いっこうしゅう》は、もっとも勢力《せいりょく》が強《つよ》く、＊3加賀《かが》の国《くに》では、一向宗《いっこうしゅう》の人《ひと》びとによって、百年《ねん》もの間《あいだ》、国《くに》が運営《うんえい》されてい

＊1信《しん》こう…信《しん》じる心《こころ》。　＊2一向宗《いっこうしゅう》…仏教《ぶっきょう》の宗派《しゅうは》の一《ひと》つ。　＊3加賀《かが》…今《いま》の石川県南部《いしかわけんなんぶ》の旧国名《きゅうこくめい》。

ました。そこには、領主《りょうしゅ》はいません。一向宗《いっこうしゅう》を信《しん》じる人《ひと》びとがおさめる国《くに》だったのです。

また、*1比叡山《ひえいざん》*2高野山《こうやさん》の僧《そう》には、朝廷《ちょうてい》も、武将《ぶしょう》も、手《て》が出《だ》せませんでした。「たたり」をおそれていたのです。だから、僧《そう》たちは、やりたいほうだいです。ところが、信長《のぶなが》は、宗教《しゅうきょう》や僧《そう》を、いっさい信《しん》じていません。そこで、信長《のぶなが》と、一向宗《いっこうしゅう》の門徒《もんと》（信者《しんじゃ》）、そして比叡山《ひえいざん》や高野山《こうやさん》の僧《そう》は、はげしく対立《たいりつ》します。

「だいたい、ぼうずどもは、なんのためにいるんだ。農民《のうみん》のためになることをしたことがあるのか！」とおこる信長《のぶなが》は、キリスト教《きょう》を広《ひろ》めることを、ゆるしました。

ヨーロッパからやってきたキリスト教《きょう》の宣教師《せんきょうし》が、信長《のぶなが》に、新《あたら》し

＊１比叡山《ひえいざん》…京都府《きょうとふ》と滋賀県《しがけん》の県境《けんざかい》にまたがる山《やま》。天台宗《てんだいしゅう》の中心《ちゅうしん》である延暦寺《えんりゃくじ》がある。
＊２高野山《こうやさん》…和歌山県《わかやまけん》にある山《やま》。真言宗《しんごんしゅう》の中心《ちゅうしん》である金剛峯寺《こんごうぶじ》がある。

い世界《せかい》を教《おし》えます。地球儀《ちきゅうぎ》を信長《のぶなが》に見《み》せて、いいました。

「地球《ちきゅう》は、丸《まる》いのですよ、信長《のぶなが》さま。」

「なんと！……いわれてみれば、りくつがとおっている。」

科学《かがく》をもとにした、＊3合理的《ごうりてき》な考《かんが》えは、信長《のぶなが》の考《かんが》えにぴったりでした。

「これだ！　この考《かんが》え方《かた》こそが、日本をかえる！」

そして、信長《のぶなが》は仏教《ぶっきょう》への攻《こう》げきをより強《つよ》めていきます。

＊3合理的《ごうりてき》…りくつや道理《どうり》に合《あ》っていること。

信長《のぶなが》は、明智光秀《あけちみつひで》に、それまでだれも手《て》をふれることができなかった、比叡山延暦寺《ひえいざんえんりゃくじ》を焼《や》きうちするように命令《めいれい》します。

また、今《いま》の大阪城《おおさかじょう》があったところに、一向宗《いっこうしゅう》の総本山《そうほんざん》、石山本願寺《いしやまほんがんじ》がありましたが、ここを中心《ちゅうしん》とする、全国《ぜんこく》の一向宗《いっこうしゅう》の信者《しんじゃ》との、長《なが》いたたかいも始《はじ》まりました。長島《ながしま》では、たてこもった信者《しんじゃ》二万人《まんにん》を、みなごろしにします。なさけようしゃのないやり方《かた》に、「なんという、ひどいことをする！」「ばちあたりめ！」「神《かみ》も仏《ほとけ》もうやまわないとは、とんでもないやつだ！」と人《ひと》びとはいいました。

戦国武将《せんごくぶしょう》だけでなく、一向宗《いっこうしゅう》を信《しん》じる農民《のうみん》も、信長《のぶなが》の敵《てき》となりました。信長《のぶなが》は、人《ひと》びとから「魔王《まおう》」とよばれて、おそれられます。

将軍《しょうぐん》となった義昭《よしあき》とも対立《たいりつ》、ついには追放《ついほう》して室町幕府《むろまちばくふ》をほろぼしてしまいます。

戦国武将《せんごくぶしょう》の敵《てき》も、次《つぎ》つぎにあらわれました。

武田信玄《たけだしんげん》は、なくなりましたが、その騎馬軍団《きばぐんだん》は、無傷《むきず》のままにのこっています。

しかし信長《のぶなが》は、騎馬《きば》でおそいかかる武田軍《たけだぐん》に対《たい》して、たくさんの長《なが》いさくをつくり、その内《うち》がわから、三千丁《ちょう》の鉄砲《てっぽう》を代《か》わるがわるぶっぱなし、武田軍《たけだぐん》をやぶりました（長篠《ながしの》のたたかい）。

一方《いっぽう》、石山本願寺《いしやまほんがんじ》にたてこもった信者《しんじゃ》は、*1しつようにていこうします。

石山本願寺《いしやまほんがんじ》に味方《みかた》した、*2中国地方《ちゅうごくちほう》の毛利《もうり》の軍勢《ぐんぜい》と、大阪湾《おおさかわん》で海戦《かいせん》をくりひろげましたが、織田方《おだがた》の九鬼水軍《くきすいぐん》*3は、毛利方《もうりがた》の村上水軍《むらかみすいぐん》に、

*1しつように…しつこく。*2中国地方《ちゅうごくちほう》…本州《ほんしゅう》の西部《せいぶ》をしめる地方《ちほう》。鳥取県《とっとりけん》・島根県《しまねけん》・岡山県《おかやまけん》・広島県《ひろしまけん》・山口県《やまぐちけん》の5県《けん》のあたり。
*3水軍《すいぐん》…船《ふね》に乗《の》ってたたかう軍《ぐん》。

＊こっぱみじんにやっつけられてしまいました。
しかし、信長《のぶなが》は、負《ま》けません。二年後《ねんご》、信長《のぶなが》は、鉄板《てっぱん》をはりめぐらした、きょ大《だい》な船《ふね》をつくり、ふたたび、六百そうの村上水軍《むらかみすいぐん》とたたかいます。今度《こんど》は、織田方《おだがた》、九鬼水軍《くきすいぐん》の完勝《かんしょう》でした。

そして、とうとう、石山本願寺《いしやまほんがんじ》も、信長《のぶなが》にくっしたのです。

信長《のぶなが》は、自分《じぶん》の支配《しはい》した国《くに》の関所《せきしょ》をなくし、楽市楽座《らくいちらくざ》を進《すす》め、さらに、堺《さかい》などの、大《おお》きな港《みなと》を自分《じぶん》のものにして、海外《かいがい》との交易《こうえき》も進《すす》めようとしています。それは、古《ふる》い迷信《めいしん》を信《しん》じて、せまい国《くに》の中《なか》にくらしている人《ひと》びとにとっては、目《め》の前《まえ》に大《おお》きな世界《せかい》が広《ひろ》がるような、おどろくほどの改革《かいかく》でした。

＊こっぱみじん…こなごなにくだけること。

信長《のぶなが》は、だれもできなかったことを、次《つぎ》つぎに実現《じつげん》したのです。

各地《かくち》では、信長《のぶなが》の家来《けらい》が、天下《てんか》をとるために、必死《ひっし》でたたかっていました。

そんなとき、信長《のぶなが》は、京都《きょうと》の御所《ごしょ》で、天皇《てんのう》に見《み》せるため、数《すう》千の騎馬《きば》を行進《こうしん》させる、「馬《うま》ぞろえ」という軍事《ぐんじ》パレードを行《おこな》います。

先頭《せんとう》をつとめるのは、丹羽長秀《にわながひで》。

あの、わかき日《ひ》の信長《のぶなが》をささえた、五郎左《ごろうざ》（万千代《まんちよ》）です。

三番手《ばんて》には、今《いま》や織田家《おだけ》の一番出世《いちばんしゅっせ》といわれる、明智光秀《あけちみつひで》の軍勢《ぐんぜい》、つづいて信長《のぶなが》の子《こ》どもたちがそれぞれ騎馬《きば》をつらね、*1北陸《ほくりく》からは、柴田勝家《しばたかついえ》や、かつての犬千代《いぬちよ》、又左《またざ》こと前田利家《まえだとしいえ》もかけつけました。

ただ、今《いま》は羽柴秀吉《はしばひでよし》と名乗《なの》る藤吉郎《とうきちろう》は、中国地方《ちゅうごくちほう》でたたかっていたために参加《さんか》できず、とてもくやしがったそうです。

そして、最後《さいご》をかざったのが、信長《のぶなが》その人《ひと》でした。

その夏《なつ》、二年前《ねんまえ》に完成《かんせい》した安土城《あづちじょう》に、信長《のぶなが》はもどります。石《いし》がきの上《うえ》にそびえる、きょ大《だい》な*2天守閣《てんしゅかく》の下《した》で、濃姫《のうひめ》がむかえました。二人《ふたり》は光秀《みつひで》をつれてさんぽに出《で》かけました。今夜《こんや》はお*3盆《ぼん》です。

「いかがでしたか、京都《きょうと》の馬《うま》ぞろえは。」

「濃姫《のうひめ》に見《み》せたかった。それは見《み》ものであったぞよ。のう、光秀《みつひで》。」

「ははっ。しかし、この安土城《あづちじょう》も、まさに天下一《てんかいち》の城《しろ》でございます。」

「うむ。」

そろそろ夕《ゆう》やみになろうとしていました。

信長《のぶなが》が手《て》をあげて合図《あいず》すると、城《しろ》のまわりがさわがしくなります。

「少《すこ》しだけ、横《よこ》を向《む》いていてもらおう」と、信長《のぶなが》は、やさしく濃姫《のうひめ》にいいました。

「こう？」と、濃姫《のうひめ》が横《よこ》を向《む》くと、しばらくして信長《のぶなが》が、

「もう、よいぞ」といいます。

二人《ふたり》の目《め》の前《まえ》には、数千《すう》、数万《すうまん》のちょうちんによって、安土城《あづちじょう》が、

＊1北陸《ほくりく》…本州《ほんしゅう》の中央部《ちゅうおうぶ》日本海沿岸地方《にほんかいえんがんちほう》。新潟県《にいがたけん》・富山県《とやまけん》・石川県《いしかわけん》・福井県《ふくいけん》の四県《けん》のあたり。＊2天守閣《てんしゅかく》…城《しろ》の中心《ちゅうしん》につくられた大《おお》きなやぐら。＊3お盆《ぼん》…先祖《せんぞ》やなくなった人《ひと》の霊《れい》をなぐさめるお祭《まつ》り。

目《め》にもあざやかに、うかびあがっているではありませんか。

「まあ！」

「濃姫《のうひめ》、おれとの約束《やくそく》を、おぼえているか。」

濃姫《のうひめ》は、深《ふか》くうなずきました。

「津島神社《つしまじんじゃ》の、まきわら船《ぶね》でございますね。」

「うむ。」

あの、五せきのまきわら船《ぶね》をかざったイルミネーションが、今《いま》、安土城《あづちじょう》というきょ大《だい》なお城《しろ》を、夜空《よぞら》にかがやかせているのです。

この日《ひ》の安土城《あづちじょう》ライトアップは、安土《あづち》の人《ひと》びとのどぎも*をぬいたことが、今《いま》もつたえられています。

「おまえの、知《し》らぬ思《おも》い出《で》よ」と、信長《のぶなが》は、明智光秀《あけちみつひで》にいいました。

＊どぎもをぬく…おどろく。

光秀《みつひで》は、だまってくちびるをかみしめました。

光秀《みつひで》は、みんなの前《まえ》で、信長《のぶなが》に、頭《あたま》をなぐられたこともあります。家来《けらい》に対《たい》しては、口《くち》ごたえも、うらぎりもゆるさない、信長《のぶなが》。あの徳川家康《とくがわいえやす》のむすこも、信長《のぶなが》の命令《めいれい》で「うらぎり者《もの》」として腹《はら》を切《き》らされました。だれも、信長《のぶなが》に反対《はんたい》できる者《もの》は、いません。面《めん》と向《む》かって口《くち》ごたえをすることなど、ゆるされませんでした。

それからしばらくして、羽柴秀吉《はしばひでよし》の毛利《もうり》攻《ぜ》めのえん軍《ぐん》として、明智光秀《あけちみつひで》は、＊丹波亀山城《たんばかめやまじょう》を出発《しゅっぱつ》しました。

しかし、一万《まん》三千の兵《へい》をひきいていた光秀《みつひで》は、とつぜん、「敵《てき》は、本能寺《ほんのうじ》にあり!」とさけび、軍勢《ぐんぜい》を、京都《きょうと》へと向《む》けたのです。そこには、主君《しゅくん》、信長《のぶなが》がいるはずでした。

信長《のぶなが》は、夜明《よあ》けに起《お》こされ、光秀《みつひで》が攻《せ》めてきたと聞《き》いて、「ぜひにおよばず」といったそうです。

「それは、しかたがないことだな」というような意味《いみ》でした。

なぜ、光秀《みつひで》がむほんを起《お》こしたのかについては、さまざまな説《せつ》があります。

もえさかる本能寺《ほんのうじ》で、信長《のぶなが》は、しずかに腹《はら》を切《き》ったといわれています。

濃姫《のうひめ》については、なんの記録《きろく》も、のこされていません。

(終《お》わり)

*丹波亀山城《たんばかめやまじょう》…今《いま》の京都府《きょうとふ》にあった城《しろ》。

少年《しょうねん》の心《こころ》をうしなわなかった信長《のぶなが》の目《め》

芝《しば》田《た》勝《かつ》茂《も》

織田信長《おだのぶなが》は、足利義昭《あしかがよしあき》を将軍《しょうぐん》にしたとき、「なんでものぞみのほうびをいってください」といわれ、「堺《さかい》、大津《おおつ》、草津《くさつ》に、代官《だいかん》をおかせてほしい」と答《こた》えました。義昭《よしあき》は「なんと欲《よく》のない」とおどろいたそうです。じつは堺《さかい》は、当時《とうじ》の、日本最大《さいだい》の海外貿易港《かいがいぼうえきこう》。大津《おおつ》も草津《くさつ》も、商業《しょうぎょう》の中心《ちゅうしん》でした。天下《てんか》をねらう信長《のぶなが》にとって、何《なに》よりも重要《じゅうよう》な都市《とし》です。

わたしは、この伝記《でんき》を、尾張《おわり》の津島《つしま》という貿易港《ぼうえきこう》から始《はじ》めました。信長《のぶなが》の「天《てん》下《か》とり」が、そこから始《はじ》まったと考《かんが》えたからです。なぜ堺《さかい》がほしかったかは、もうおわかりですね。

また、当時《とうじ》の武将《ぶしょう》のゴールは、「城《しろ》をもつ」ことでした。しかし、信長《のぶなが》にとっ

ての城《しろ》は、次《つぎ》のゴールへの通過点《つうかてん》にすぎません。家来《けらい》とともに、那古野城《なごやじょう》から清洲城《きよすじょう》、岐阜城《ぎふじょう》、安土城《あづちじょう》へと、こんきょ地《ち》をどんどん移動《いどう》してゆくのです。信長《のぶなが》はいつも「未来《みらい》」を見《み》ています。そしてその未来《みらい》こそ、信長《のぶなが》の「過去《かこ》」の経験《けいけん》からわりだされていたのではないでしょうか。

信長《のぶなが》の少年時代《しょうねんじだい》は、まわりじゅう「敵《てき》」だらけでした。一《いっ》しゅんでも気《き》をぬけばころされるかもしれない毎日《まいにち》、信長《のぶなが》は、だれも信《しん》じられない中《なか》、とぎすまされた目《め》で、まわりを見《み》つめていたのです。

この伝記《でんき》に登場《とうじょう》する「林佐渡守《はやしさどのかみ》」は、二十年以上《ねんいじょう》もたってから、信長《のぶなが》に「おまえは、二十年前《まえ》おれに何《なに》をした？」と、追放《ついほう》されてしまいます。家来《けらい》は「なんてしゅうねん深《ぶか》い」「長年《ながねん》つかえてきた人《ひと》を」と思《おも》ったようですが、わたしには、少年時代《しょうねんじだい》のきずをいやすことができない、信長《のぶなが》の悲《ひ》つうな心《こころ》のさけびのように思《おも》えました。だれよりもきずつきやすい自分《じぶん》の心《こころ》をうしなわなかった、そんな信長《のぶなが》だったからこそ、日本をかえる武将《ぶしょう》になれたのではないでしょうか。

文　**芝田勝茂**（しばた　かつも）

石川県出身。児童文学作家。著書に、『ふるさとは、夏』（福音館、産経児童出版文化賞受賞）、『星の砦』（講談社）、『葛飾北斎』（あかね書房）、『真実の種、うその種』（小峰書店、日本児童文芸家協会賞受賞）、『10歳までに読みたい世界名作　西遊記』、『10歳までに読みたい日本名作　銀河鉄道の夜』、『同　坊っちゃん』（いずれも学研）など多数。日本ペンクラブ会員、日本児童文芸家協会会員。

絵　**ホマ蔵**（ほまぞう）

滋賀県在住のフリーイラストレーター。戦国武将を中心としたゲームイラストや書籍の挿絵、まちおこしのイラストなどを手掛ける。小田原市公認PRキャラクター「北条五代」、「戦国武将列伝」シリーズ（ポプラ社）、戦国大戦TCG（SEGA）など、幅広く活躍中。好きな武将は羽柴秀吉と竹中半兵衛。

監修　**田代　脩**（たしろ　おさむ）

埼玉大学名誉教授。日本中世史専攻。監修に「マンガで読み解く日本の歴史」シリーズ全５巻、『学研まんが　NEW日本の伝記　織田信長』『同　豊臣秀吉』『同　徳川家康』（ともに学研）など。

参考文献／『原本現代訳　信長公記』（ニュートンプレス）、『歴史読本 第31巻16号 信長の一族をめぐる謎と疑惑を追う』（新人物往来社）、『織田信長　435年目の真実』明智憲三郎（幻冬舎）、『覇者の条件』海音寺潮五郎（文藝春秋）、『織田信長　不器用すぎた天下人』金子拓（河出書房新社）、『日本史の謎は「地形」で解ける』竹村公太郎（ＰＨＰ研究所）、『信長』坂口安吾（宝島社）、『あらすじで読む「信長公記」一級史料に記された織田信長の合戦・城・道楽』（三才ブックス）、『信長の戦争「信長公記」に見る戦国軍事学』（講談社）、『歴史群像シリーズ⑳　激闘 織田軍団 「天下布武」への新戦略』（学研）ほか。

やさしく読めるビジュアル伝記６巻

織田信長

2018年11月６日　第１刷発行
2023年11月13日　第４刷発行

文／芝田勝茂
絵／ホマ蔵
監修／田代　脩

装幀・デザイン／石井真由美（It design）
本文デザイン／大場由紀　上山未紗
（ダイアートプランニング）

発行人／土屋　徹
編集人／芳賀靖彦
企画編集／永渕大河　岡あずさ　松山明代
編集協力／上埜真紀子　有限会社オフィス・イディオム
ＤＴＰ／株式会社アド・クレール
発行所／株式会社Gakken
〒141-8416 東京都品川区西五反田2-11-8
印刷所／株式会社広済堂ネクスト

この本は環境負荷の少ない下記の方法で製作しました。
●製版フィルムを使用しないCTP方式で印刷しました。
●一部ベジタブルインキを使用しました。
●環境に配慮して作られた紙を使用しています。

Brilliant Palette®

この本に関する各種お問い合わせ先
●本の内容については、下記サイトのお問い合わせフォームよりお願いします。
https://www.corp-gakken.co.jp/contact/
●在庫については　Tel 03-6431-1197（販売部）
●不良品（落丁、乱丁）については　Tel 0570-000577
学研業務センター
〒354-0045　埼玉県入間郡三芳町上富 279-1
●上記以外のお問い合わせは
Tel 0570-056-710（学研グループ総合案内）

NDC289　148P　21cm